ALEXANDRE PATRICIO DE ALMEIDA

PSICANÁLISE DE BOTECO

O INCONSCIENTE NA VIDA COTIDIANA

PAIDOS

Copyright © Alexandre Patricio de Almeida, 2022
Copyright © Editora Planeta do Brasil, 2022
Todos os direitos reservados.

Preparação: Valquíria Matiolli
Revisão: Paula Craveiro e Alanne Maria
Projeto gráfico e diagramação: Márcia Matos
Capa e ilustrações: Estúdio Insólito

Dados Internacionais de Catalogação na Publicação (CIP)
Angélica Ilacqua CRB-8/7057

Almeida, Alexandre Patricio de
   Psicanálise de boteco: o inconsciente na vida cotidiana / Alexandre Patricio de Almeida. - São Paulo: Planeta do Brasil, 2022.
   224 p.

   ISBN 978-65-5535-832-2

   1. Psicanálise I. Título

   22-2898   CDD 150.195

Índice para catálogo sistemático:
1. Psicanálise

Ao escolher este livro, você está apoiando o manejo responsável das florestas do mundo, e outras fontes controladas

2025
Todos os direitos desta edição reservados à
EDITORA PLANETA DO BRASIL LTDA.
Rua Bela Cintra, 986 – 4º andar
01415-002 – Consolação
São Paulo-SP
www.planetadelivros.com.br
faleconosco@editoraplaneta.com.br

Para José e Silvania, que me ensinam a sonhar.
Para Nilza e Antenor, que me ensinam a construir.
Para Filipe, que me ensina a amar.
Para Kátia, que me ensina a cuidar.
Para Alfredo, que me ensinou a pesquisar.
Para meus pacientes e alunos, que me ensinam a aprender.
Para Elizabeth (*in memoriam*), que me ensinou a viver.

Posso afirmar que o método analítico da psicoterapia é aquele que tem o efeito mais profundo, a maior amplitude e através do qual se atinge a mais considerável modificação do paciente. Se por um momento eu abandonar a perspectiva terapêutica, posso afirmar a respeito da psicoterapia que ela é a mais interessante e a única a nos ensinar algo sobre o surgimento e contexto das manifestações da doença.[1]

---

[1] Freud, S. (2017). Sobre psicoterapia. In: S. Freud. *Fundamentos da clínica psicanalítica* (Vol. 6, pp. 66-67) (C. Dornbusch, Trad., Coleção Obras incompletas de Sigmund Freud). Belo Horizonte: Autêntica (obra original publicada em 1905 [1904]).

Sumário

Prefácio — 9
Problematizações do cotidiano numa psicanálise para não iniciados

Prólogo — 13
A psicanálise é *pop*?

Introdução — 17

Capítulo 1 — 45
Psicanálise na graduação de psicologia

Capítulo 2 — 85
Configurações do narcisismo

Capítulo 3 — 125
A filha perdida: reflexões psicanalíticas

Capítulo 4 — 153
A síndrome do impostor e a psicanálise

Capítulo 5 — 171
Amar é dar aquilo que não se tem a alguém que não o quer

Parte bônus — 193

Prefácio

Problematizações do cotidiano numa psicanálise para não iniciados

Alfredo Naffah Neto[2]

A ideia de Alexandre Patricio de Almeida de criar – com o seu companheiro Filipe Pereira Vieira – um podcast, nas redes sociais, para problematizar questões do cotidiano utilizando dos seus conhecimentos psicanalíticos constitui, sem dúvida nenhuma, uma forma bem-vinda de brindar os não iniciados – leia--se, aí, os *estrangeiros* ao mundo psicanalítico – com o que essa disciplina, criada por Freud, tem a oferecer

---

[2] Psicanalista. Mestre em Filosofia pela Universidade de São Paulo (USP). Doutor em Psicologia Clínica pela Pontifícia Universidade Católica de São Paulo (PUC-SP). Professor titular da PUC-SP no Programa de Pós-graduação em Psicologia Clínica. Professor e supervisor do Instituto Brasileiro de Psicanálise Winnicottiana e da International Winnicott Association (IWA).

para a compreensão do mundo contemporâneo. A sugestão de publicar, em forma de livro, os temas mais recorrentes desse podcast foi uma segunda ideia brilhante, com o intuito de perpetuar e dar nova forma a essas discussões.

Não creio, entretanto, que o título "Psicanálise de boteco" faça jus ao que vocês, leitores, vão apreciar neste livro, muito embora entenda que essa denominação tenha por função retirar a psicanálise do domínio exclusivo dos doutos e lançá-la numa dimensão popular, acessível a todos. Mas o que eu entendo por "psicanálise de boteco" são expressões que se tornaram parte do discurso vigente, com a popularização da psicanálise, e que aparecem em falas como: "Fulano é muito edipiano!" ou "Isso está no subconsciente de Sicrano!". Ou seja, trata-se de um uso popularesco da psicanálise, por assim dizer, e sem qualquer rigor conceitual.

Muito longe disso, as discussões aqui brindadas conseguem, ao mesmo tempo, sustentar o rigor conceitual e se manter compreensíveis para qualquer leitor interessado, devido, em grande parte, à capacidade didática de Alexandre que, além de psicanalista, é professor. Assim, temas importantes como: a formação do psicanalista e suas controvérsias; a problemática do narcisismo contemporâneo; as complicações características da maternidade hoje em dia; aquela sensação que todos temos, de quando em quando, de sermos "impostores"; bem como as querelas características do amor, são explorados nesta obra de forma multifacetária.

Nessa direção, Alexandre passeia com desenvoltura pelas diferentes escolas psicanalíticas, mostrando ao leitor como, dentro de uma mesma disciplina, pode haver uma grande variedade de autores e de perspectivas, todas tentando contribuir – cada uma à sua maneira – para a compreensão de determinado fenômeno.

Assim, seu texto adquire ora um formato freudiano, ora ferencziano, kleiniano, bioniano, winnicottiano ou lacaniano, sem que isso signifique um privilégio maior dado a qualquer um dos autores em detrimento dos outros, mas como uma forma de presentear o leitor com a grande diversidade que constitui o universo psicanalítico. Isso além de nomes menos conhecidos do grande público, como: Lou Andreas-Salomé, Thomas Ogden, André Green, e dos psicanalistas brasileiros Figueiredo, Mezan, Kupermann, Cassorla, Koltai, Cromberg etc.

Nesse sentido, cada um dos temas abordados ganha compreensão e relevo a partir dessas múltiplas facetas interpretativas, contribuindo, assim, para que o leitor possa formar uma ideia mais clara do que a psicanálise tem a oferecer ao mundo contemporâneo.

Isso constitui uma contribuição importantíssima, especialmente num momento em que a psicanálise é desacreditada tanto pela psiquiatria vigente quanto pela disseminação das terapias cognitivo-comportamentais, e que a maior parte da população brasileira não tem nenhuma ideia do poder revolucionário do dispositivo psicanalítico.

Assim, me resta dar as boas-vindas a este livro, como parte fundamental da bibliografia psicanalítica brasileira. Evoé, Alexandre!

Alfredo Naffah Neto
São Paulo, 6 de maio de 2022

Prólogo

A psicanálise é *pop*?

Ana Suy[3]

Esta pergunta é só uma "deixa" para eu dizer que não sei se a psicanálise é *pop*, mas que o Alexandre Patricio é, sim. Alexandre é um cara atravessado pela psicanálise, que exala teorias psicanalíticas como se fosse a Elsa da animação *Frozen* (Disney, 2013), que congela tudo o que toca, como se isso fosse mais forte do que ele e ele não pudesse controlar. Aposto que não pode mesmo, para a nossa sorte.

Proveniente de uma família que orbita em torno da educação, e reconhecendo o altíssimo valor dela, no começo da pandemia Alexandre nos presenteou com seu podcast *Psicanálise de boteco*. Segundo ele, trata-se

---

[3] Psicanalista. Doutora em Pesquisa e Clínica em Psicanálise pela Universidade Estadual do Rio de Janeiro (UERJ). Mestre em Psicologia pela Universidade Federal do Paraná (UFPR). Professora da graduação do curso de Psicologia da Pontifícia Universidade Católica do Paraná (PUC-PR) e de várias pós-graduações. Autora do livro *Amor, desejo e psicanálise* (Editora Juruá), de diversos livros de crônicas poéticas (Editora Patuá) e do livro *A gente mira no amor e acerta na solidão* (Editora Paidós).

de um esforço para democratizar "o conhecimento da psicanálise", coisa à qual ele faz jus com maestria. Mais do que democratizar "o" conhecimento da psicanálise, ouso dizer que ele democratiza "o seu" conhecimento da psicanálise, o único ao seu alcance.

Os episódios do podcast não apenas são sustentados por sua grande intimidade com a docência (e que didática ele tem!), mas também por referências absolutamente populares: filmes, poemas, memes, músicas e piadas despretensiosas dão o tom da conversa dos episódios, que ele grava com seu parceiro Filipe Pereira Viera, que também é pesquisador e psicanalista.

Este livro é um delicioso aprofundamento de alguns dos episódios mais ouvidos do podcast. Nele, o leitor encontrará o mesmo humor, o mesmo refinamento, o mesmo deboche e ainda mais referências e complexidades do que nos episódios.

Se Alexandre se propõe a disseminar a teoria psicanalítica para o maior número possível de pessoas, não pense que, para isso, ele baixe a qualidade daquilo que diz ou escreve. Alexandre não menospreza seus ouvintes, assim como não menospreza seus leitores. Em vez de "simplificar" conceitos, perdendo o rigor deles, movimento comum de quem tenta alcançar muita gente, Alexandre aposta no desejo de saber de cada um, e convida todo mundo a "subir o nível".

Assim, não espere um "livro fácil". Espere um livro possível e, sobretudo, espere um livro acessível. Espere também ter que dar uma "quebrada de cabeça" para acompanhar as idas e vindas que Alexandre faz ao longo de seu percurso, caminhando entre os mais renomados autores e autoras da psicanálise, nos fazendo pensar sobre as questões cotidianas da vida.

Para finalizar, gostaria de dizer que o podcast *Psicanálise de boteco* não poderia ter nome mais apropriado. Em tempos de tantas gourmetizações, em que se troca "seis por meia dúzia", em nome de floreios, muitas vezes desnecessários e pelo triplo do preço, Alexandre resgata a mesa de plástico, o copo de cerveja raiz (aquele que também serve bem para o café ou pingado) e uma conversa honesta. Nosso autor *não faz tipo*; ele mergulha nos livros, ele se enfia em seu trabalho de análise, ele se joga na pesquisa acadêmica.

Eu fico constantemente espantada com o quanto não tem tempo ruim para ele, que está sempre disposto a escrever (mais) um artigo acadêmico, com a facilidade de quem se dispõe a tomar mais um copo de cerveja ou uma taça de vinho. A psicanálise é, para ele, seu *projeto de vida*, como ele mesmo costuma dizer. Tomando-a como causa de desejo, é pela causa analítica que ele tanto conversa e dissemina a facilidade que tem de dividir o que sabe.

No fim das contas, o que acaba se transmitindo é sua relação de amor genuína com a psicanálise e com a educação, amores estes que se materializam tanto no podcast quanto neste livro.

Introdução

> Se olhamos para o nosso mundo adulto do ponto de vista de suas raízes na infância, obtemos um insight sobre o modo pelo qual nossa mente, nossos hábitos e nossas concepções foram construídos desde as fantasias e emoções infantis mais arcaicas até as mais complexas e sofisticadas manifestações adultas. Há mais uma conclusão a ser tirada: *aquilo que já existe no inconsciente nunca perde completamente sua influência sobre a personalidade*.[4]

Para muita gente, ler um livro de psicanálise pode significar um processo árduo e penoso que exige bastante esforço, dedicação, tempo e investimento. Sem contar a demanda de conhecimento prévio que algumas obras sugerem ao citar passagens de trezentos mil autores que jamais ouvimos falar na vida.

Vamos combinar que todas essas aptidões não se ajustam ao cenário histórico-educacional de nosso país. O indivíduo de hoje mal consegue arranjar tempo para conciliar trabalho, descanso e estudos, quem dirá, então, ter acesso a essa rede de conhecimentos.

Ah, e não me venha com a conversa fiada de que a psicanálise é assim mesmo; que os textos são feitos

---

[4] Klein, M. (1991). Nosso mundo adulto e suas raízes na infância. In: M. Klein. *Inveja e gratidão e outros trabalhos* (1946-1963) (p. 296 [grifo nosso]). Rio de Janeiro: Imago (obra original publicada em 1959).

para *jogar o sujeito na falta*;[5] que ela é dirigida a poucos e a quem suporta etc. Tudo isso é papo de psicanalista que não admite rever sua postura tradicional, tampouco sair de sua posição confortável em se achar o dono do *suposto saber (análise para que e para quem, não é mesmo?)*.

Pois bem, durante o início da pandemia no Brasil, em março de 2020, pudemos observar uma verdadeira "explosão" da presença de psicanalistas em nossas redes sociais e nos meios de comunicação em massa. Parecia que alguma "entidade" os havia convocado a sair de suas tocas e, dessa forma, *a psicanálise passou a correr nas veias da sociedade*. Era live para tudo quanto é lado, além da participação intensa de colegas em canais populares da televisão aberta. Da noite para o dia, fomos surpreendidos por discursos de analistas referentes às tragédias inomináveis que estávamos vivenciando e, lamentavelmente, ainda estamos vivendo.

Essa presença expressiva demonstra que, perante uma experiência traumática, situação em que é comum nos *faltar as palavras*, nossa tendência é buscar algum significado àquilo que é *sem sentido* e, por conseguinte, suscita-se certa perplexidade e agonia. Com efeito, depositamos uma parcela de nossa esperança às contribuições das descobertas freudianas e de seus continuadores.

A psicanálise se tornou pop – para a alegria de muitos e tristeza de tantos. Os analistas foram às redes e nós, de algum modo, começamos a escutá-los.

---

[5] Fazendo alusão a um termo lacaniano.

É evidente que as ressonâncias apocalípticas da pandemia e seu legado sombrio sobre o campo da saúde mental são fatos precisos e inquestionáveis. Entretanto, é necessário recordar que a Organização Mundial da Saúde (OMS) denunciava, desde 2018, "que a saúde mental deveria ter destaque especial no âmbito da saúde coletiva e em escala internacional, pois a depressão foi considerada, desde então, o maior problema de saúde pública, do estrito ponto de vista epidemiológico".[6]

Contudo, não podemos nos esquecer de que a depressão já se sobressaía pelas suas altas taxas de incidência na população, ocupando a primeira posição entre todas as demais enfermidades.

Tal fenômeno se deve ao amplo e vertiginoso processo de precarização das condições de trabalho e de vida, em escala mundial, como decorrência do *neoliberalismo*, que, desde 2008, escancarou as portas da *desigualdade social* ao estabelecer exigências inatingíveis de produtividade e sucesso, arremessando o indivíduo contemporâneo ao mal-estar procedente da incessante *sensação de fracasso* que deriva dos modelos de subjetividade fixados por esse sistema tirânico e perverso.[7]

Esses movimentos históricos e essas intensas transformações sociais nos convocam a reconhecer a necessidade de *observarmos os nossos sentimentos*, os

---

[6] Birman, J. (2020). *O trauma na pandemia do coronavírus: suas dimensões políticas, sociais, econômicas, ecológicas, culturais, éticas e científicas* (p. 22). Rio de Janeiro: José Olympio.

[7] Ver Safatle, V., Silva, N., Jr., & Dunker, C. (Orgs.). (2020). *Neoliberalismo como gestão do sofrimento psíquico*. Belo Horizonte: Autêntica.

conflitos internos que nos atravessam e, simultaneamente, admitir a nossa *fragilidade existencial*, pois, com a circunstância do isolamento social e a iminência de um vírus letal, passamos a perder as *próteses* que até então sustentavam o nosso Eu: como a prática de exercícios em academias, os encontros com os amigos e familiares em espaços públicos, as trocas de saberes em instituições de ensino, o equilíbrio espiritual em templos e espaços religiosos etc.

Sem alternativas, procuramos outras vias de interação, aliadas à tentativa incessante de *nomear o indizível* e, como era de se esperar, a demanda por profissionais especializados em *saúde mental* aumentou consideravelmente em virtude de uma *vulnerabilidade* que se escancarava após a chegada e a disseminação da peste.

Entretanto, é preciso salientar que, do ponto de vista epistemológico, o campo psicanalítico não se identifica *literalmente* com o campo da saúde mental, na medida em que "aquele estabelece uma relação de *tangência* com esse, como dois conjuntos que não se superpõem, mas que estabelecem topologicamente uma relação de *borda*, dos pontos de vista teórico e clínico".[8] Um psicanalista não visa trazer o indivíduo para o terreno da *normalidade*; trabalhamos com o *sujeito do inconsciente* e nos orientamos pela *ética do desejo* e pela *ética do cuidado* (embora alguns analistas se esqueçam dessa última). Qualquer leitura moralista, nesse aspecto, remaria no sentido oposto da maré freudiana.

---

[8] Birman, J. (2020), *op. cit.*, p. 23.

Por outro lado, todas as vezes em que o discurso psicanalítico se apresentou e se exerceu como autônomo, *descolado da realidade social, cultural e política*, tornou-se não apenas estéril conceitual e clinicamente, como também dogmático e ortodoxo, perdendo sua *originalidade criativa*, seu brilho e até mesmo sua potência transformadora.[9]

Empreender uma leitura psicanalítica de nosso contexto cultural implica não apenas o estudo sistemático da psicanálise a partir de uma base orientada pela *tradição* – delineada por autores clássicos como Freud, Ferenczi, Klein, Bion, Winnicott, Lacan etc. –, mas também a capacidade de articular esse saber com as diversas disciplinas que engrossam o caldo da contemporaneidade.

O que pretendo esclarecer é que a psicanálise *pode* e *deve* se relacionar com os temas da atualidade – incluindo a saúde mental –, desde que saia de sua redoma de vidro e se debruce sobre os múltiplos vértices do conhecimento – como a política, as artes, a religião, a filosofia, a sociologia, a biologia, a antropologia etc.

Assim, é urgente e necessária a *democratização do discurso psicanalítico* e, quando me dirijo a esse tema, em específico, proponho, inclusive, uma crítica sobre seus *modelos de transmissão*.

O próprio Freud era um autor bastante generoso com os seus leitores, esforçando-se ao máximo para ser compreendido. Então, falar/escrever em jargão,

---
[9] *Ibidem.*

empregando termos em francês, alemão, russo, latim, grego, marciano e afins, não é uma postura compatível com *o meu estilo*, muito menos com *a realidade brasileira*. Democratizar a psicanálise é um processo que já se inicia pela forma em que ela é difundida – seja pela via da escrita, seja pela via da oralidade.

Considero que a adoção dessa estratégia não impedirá, de modo algum, que o próprio indivíduo recorra às leituras clássicas para construir o seu conhecimento. Quando somos tocados por certo tema, procuramos pesquisar mais acerca do assunto.

Partindo dessa lógica, se tivermos uma boa experiência de contato com a teoria psicanalítica, será bem possível que tendamos a ampliar a nossa compreensão sobre ela. Agora, se somos apresentados às obras de Freud por intermédio de um discurso enfadonho e pedante, *vamos fugir da psicanálise assim como o diabo foge da cruz.*

Foi pensando nisso que, num belo início de madrugada, decidi criar um podcast de psicanálise.

Bom, na verdade, a história começa bem antes, e vou contá-la resumidamente a vocês.

A origem do podcast

No início da quarentena, também me rendi às lives – por pressão dos alunos, dos meus pais e dos amigos, confesso.

Sou professor universitário e leciono, há mais de seis anos, em algumas graduações de pedagogia e psicologia.[10] Frequentemente recebo boas devolutivas sobre a minha didática e o meu estilo de transmissão: *consistente sem ser chato* – na linguagem dos estudantes. Então, por que não mostrar a cara na internet e falar abertamente sobre psicanálise?

Bom, preciso revelar a vocês que, desde criança, sonhava em ser professor, embora nunca tivesse imaginado em me aventurar pelos territórios da psicanálise, tampouco sabia quem era Freud. Queria estudar biologia, química e até matemática. Eu tinha um daqueles minilaboratórios de ciências, que ganhei do meu pai quando tinha 7 anos. Amava brincar de *copiar* meus professores, e tive muita sorte nesse sentido, pois fui agraciado com a presença de educadores aplicados, carinhosos e comprometidos com o verdadeiro sentido da educação. Freud costumava dizer que nos tornamos um punhado de identificações com as quais nos identificamos no decorrer da vida. Posso afirmar igualmente que guardo no interior do meu Eu um pedacinho de cada profissional brilhante que cruzou o meu caminho.

Logo, em minhas aulas, espontaneamente recorria a cada memória, lembrança e apreço relacionados a essas experiências afetivas; notei que elas *produziam marcas* e deixavam um legado: o pessoal era fomentado por um desejo de saber mais, de pesquisar e interrogar; muitos continuavam seus estudos psicanalíticos na hora de escolher seus estágios clínicos, ingressando

---

[10] Embora hoje eu atue predominantemente nas pós-graduações e em grupos de estudos independentes sob a minha coordenação.

em pós-graduações ou formações em psicanálise após o término do curso.

Nunca vou me esquecer de uma turma de psicologia que tinha aula comigo nas sextas à noite. Sem muitas expectativas, esperava que a sala estivesse vazia, já que estávamos em clima de final de semana e happy hour. Surpreendia-me, porém, a cada encontro. Além de nenhum dos alunos faltar, todos ainda participavam das aulas com empolgação. Imaginem só o meu orgulho ao ver tantas pessoas reunidas para aprender, depois de uma semana exaustiva de trabalho e compromissos! Era realmente uma experiência emocionante e satisfatória.

Pois bem, voltemos aos bastidores iniciais que nos conduzem à descrição desta narrativa. Como mencionei, em março de 2020 fiz a minha primeira live pelo Instagram, tremendo mais que "vara verde". No fim das contas, deu tudo certo, e eu acabei pegando gosto pela coisa.

No auge do período de isolamento, chegava a fazer duas lives por semana. A recepção do público também foi positiva. Muitos seguidores me escreviam dizendo que o conteúdo compartilhado fazia *sentido* na vida deles, enquanto outros relatavam o surgimento da vontade de ingressar em um processo de análise pessoal. Percebi, então, que a psicanálise poderia ultrapassar as fronteiras das universidades e das instituições que supostamente *detinham o seu poder*.[11] Além disso, ela conseguia atingir corações, penetrar almas e impulsionar reflexões profundas acerca da nossa própria dimensão existencial, e tudo isso, naquele momento, repercutia em mim de modo extremamente positivo.

Depois de quase um ano, em janeiro de 2021, tive a ideia de criar um podcast. Algo bem despretensioso e informal, como uma conversa de bar. Convidei alguns colegas da área e alunos que toparam participar do projeto, e começamos a gravar alguns dos episódios via Zoom.

Fiquei assustado com o efeito: em poucos meses estávamos na lista dos duzentos podcasts mais ouvidos do país no Spotify e, algumas semanas depois, alcançamos o top 100.

Em paralelo, passei a receber uma enxurrada de mensagens e convites para falar de psicanálise em rádios e jornais.[12] Diante de tal repercussão, emergia em mim as ressonâncias de responsabilidade que essa notoriedade exigia, pois o que começou como algo despojado passou a ganhar uma proporção muito maior que a esperada – fatores que estabeleciam ainda mais compromisso com o público e com a qualidade do conteúdo disponibilizado.

---

[11] Ver Lacan, J. (1998). *A direção do tratamento e os princípios de seu poder*. In: J. Lacan. Escritos. Rio de Janeiro: Zahar (obra original publicada em 1958).

[12] Recentemente, dei uma entrevista para o jornal O Globo sobre o assunto. Gabriel, R. de S. (2022, 22 de fevereiro). Do divã para as redes: como a psicanálise conquistou a internet. *O Globo*. Recuperado de https://oglobo.globo.com/cultura/do-diva-para-as-redes-como-psicanalise-conquistou-internet-1-25399047.

Ao lado do Filipe – psicanalista, pesquisador e meu companheiro de jornada –, tive a ideia de gravar uma sequência de episódios que atravessavam direta ou indiretamente a nossa rotina acadêmica e, dessa forma, inventamos os quadros "Café com Klein" e "Café com Freud". Trata-se de séries mais teóricas, mas nem por isso cansativas. Nesses encontros, a gente conversa sobre a vida e a obra de autores clássicos, trazendo situações do cotidiano de forma *leve* e *dinâmica* – recorrendo a memes, séries, filmes, músicas, obras de arte e poesias.

Durante os episódios, sempre procuramos indicar uma breve lista de referências para que o ouvinte possa traçar o próprio roteiro de estudos. Ambas têm sido utilizadas por muitos estudantes de psicologia, filosofia, antropologia, psiquiatria e da própria psicanálise, que afirmam compreender o sentido de vários conceitos fundamentais por meio dos exemplos e da metodologia de que nos valemos. O projeto já tem continuação confirmada e pretende se debruçar sobre todos os principais autores do movimento psicanalítico – como Winnicott, Lacan, Ferenczi e Bion (spoiler exclusivo aos leitores!).

Nesse âmbito, pondero que democratizar a psicanálise não significa apenas facilitar o acesso no que tange à prática terapêutica – como, de fato, vêm fazendo inúmeros analistas comprometidos em *excelentes projetos sociais*. É claro que é maravilhoso podermos presenciar os benefícios de uma análise cruzando as fronteiras da desigualdade. No entanto, penso que somos atropelados cotidianamente por uma série de (des)informações; ainda mais com um monte de indivíduos pegando carona no sucesso da *onda psicanalítica*.

Infelizmente há muita pilantragem circulando por aí, e o sujeito leigo fica totalmente perdido na hora de estudar ou iniciar um processo de *formação em psicanálise*.[13] Assim, compartilhar conteúdos com seriedade e compromisso torna-se um grande diferencial na disseminação desse conhecimento, ajudando o indivíduo interessado a selecionar o que é ou não minimamente confiável.

Não podemos nos esquecer de que já existe uma quantidade representativa de psicanalistas, professores e pesquisadores da nossa área que disponibilizam materiais de qualidade no Instagram, no YouTube e em outras plataformas de streaming, sem mencionar a infinidade de artigos, livros e outras publicações disponíveis para baixar gratuitamente na internet.

Todos os profissionais engajados nessas causas – alguns mais e outros menos – estão de algum modo inseridos no processo de *democratização* da psicanálise, pois popularizar o conhecimento também é uma possibilidade – se não a *maior* – de ascensão social, a qual jamais podemos ignorar.

Aliás, sempre defendi a hipótese de que a educação é capaz de salvar vidas. E, não, não é uma utopia. Eu posso dizer isso em *primeira pessoa*. Sou filho único de uma

---

[13] Não gosto muito desse termo, e o leitor vai perceber logo no primeiro capítulo, pois penso que a formação em psicanálise propriamente dita seja um projeto de vida, respaldado em análise pessoal, supervisão com um psicanalista mais experiente e estudo assíduo da teoria. Para tanto, pelo menos no Brasil, você não precisa estar filiado a uma instituição.

mãe professora e de um pai caminhoneiro que sempre se comprometeram com meu trajeto educacional. Criado na periferia de São Paulo, meus pais se esforçaram ao máximo para bancar meus estudos, muitas vezes com o auxílio dos meus avós. Reconheço hoje ter criado um jeito próprio e empático que se tornou a base do meu exercício clínico, de escrita e de docência.

Tenho noção de todos esses privilégios e, justamente por admitir isso, sinto-me na obrigação de devolver ao mundo tudo que recebi como investimento, de modo que cada um que nos ouve, e agora nos lê, venha a encontrar sua *verdadeira identidade* – ou esteja no caminho para isso –, promovida por suas próprias e mais íntimas interrogações, pois, como bem nos alertou Freud: "[...] o paciente não deve ser educado para ser semelhante a nós, *mas para a libertação e a concretização de sua própria essência*".[14]

Recentemente, recebi a seguinte devolutiva de uma de nossas ouvintes:

> Alexandre, o podcast de vocês tem mudado a minha vida! É incrível a maneira como você consegue trazer assuntos densos de forma didática e compreensível, principalmente para quem não é da área. *Reflito e me desenvolvo a cada episódio*. Obrigada por compartilhar o conhecimento de vocês.

---

[14] Freud, S. (2017). Caminhos da terapia psicanalítica. In: S. Freud. *Fundamentos da clínica psicanalítica* (Vol. 6, p. 199 [grifo nosso]) (C. Dornbusch, Trad., Coleção Obras incompletas de Sigmund Freud). Belo Horizonte: Autêntica (obra original publicada em 1919 [1918]).

"Refletir e se desenvolver"; o que poderíamos considerar com essa expressão?

Os efeitos de um encontro

O encontro que se dá entre analista e analisando é um desses momentos da vida em que o tempo parece congelar e, quando menos percebemos, estamos apenas ali, de corpo e alma; deitados, sentados ou frente à tela de um computador ou celular – no caso de atendimentos remotos –, diante daquela figura desconhecida, mas *estranhamente familiar*. No momento em que surge finalmente o vínculo da relação transferencial, nos observamos desvelando *cada pedaço de nossas intimidades*[15] a alguém que sequer conhecemos.

Temos de convir que a psicanálise vai fundo nisso. Ela não se contenta com a superfície; com as dez dicas para melhorar a sua autoestima, por exemplo. Ela desafia. Pergunta. Revira o psiquismo do avesso, o que deve ocorrer sempre no *tempo do paciente*, caso o analista possua ética e o mínimo de experiência, obviamente.

---

[15] Embora Winnicott nos diga: "Sugiro que normalmente há um núcleo da personalidade que corresponde ao Eu verdadeiro da personalidade *split*; sugiro que este núcleo nunca se comunique com o mundo dos objetos percebidos [...]". Tal consideração evidencia a sutileza do trabalho de um analista (quase como um artesão), que não pode, de maneira alguma, ser invasivo em sua prática e não respeitar o tempo de seu paciente. Ver: Winnicott, D. W. (1983). *Comunicação e falta de comunicação levando ao estudo de casos opostos*. In: D. W. Winnicott. *O ambiente e os processos de maturação:* estudos sobre a teoria do desenvolvimento emocional. Porto Alegre: Artmed (obra original publicada em 1963).

Enquanto escrevia esta parte da introdução, fui tomado pela lembrança de uma linda música de Maria Gadú, que, apesar de estar baseada nas ressonâncias de um encontro "amoroso", remeteu-me, de imediato, ao *balé de afetos* que ocorre nas mediações e no interior do palco de um encontro psicanalítico.

Compartilho com vocês o trecho em particular:

> Sai de si
> Vem curar teu mal
> Te transbordo em som
> Põe juízo em mim
> Teu olhar me tirou daqui
> Ampliou meu ser
> Quero um pouco mais
> Não tudo
> Pra gente não perder a graça no escuro
> No fundo
> Pode ser até pouquinho
> Sendo só pra mim, sim[16]

Completo essa canção com as belíssimas palavras de Françoise Giroud, que, após um período de análise pessoal com Lacan, relatou:

> A análise é árdua e faz sofrer. Mas, quando se está desmoronando sob o peso das palavras recalcadas, das condutas obrigatórias, das aparências a serem

---

[16] Gadú, M. (2009). Encontro. In: M. Gadú. *Maria Gadú* (faixa 11). Rio de Janeiro: Som Livre.

salvas, quando a imagem que se tem de si mesmo torna-se insuportável, o remédio é esse. Pelo menos, eu experimentei e guardo por Jacques Lacan uma gratidão infinita [...]. *Não mais sentir vergonha de si mesmo é a realização da liberdade* [...]. Isso é o que uma psicanálise bem conduzida ensina aos que lhe pedem socorro.[17]

"Não mais sentir vergonha de si mesmo é a realização da liberdade". Notem a potência dessa expressão.

Contudo, apesar de existirem diversos projetos sociais em pleno desenvolvimento, o recurso psicoterapêutico (psicanalítico ou não) ainda permanece restrito a determinadas camadas privilegiadas da população. São poucos aqueles que conseguem ter acesso à cura pela fala (*talking cure*) – conforme a expressão usada originalmente por Anna O.,[18] a mais famosa paciente da história da psicanálise.

Todavia, em meio ao mar de ódio e intolerância que engole as redes sociais, poder ler tais palavras – como a devolutiva compartilhada por aquela seguidora e ouvinte – nos serve como um sopro de esperança que alimenta e impulsiona o nosso trabalho. Mais do que algoritmos, números e escalas quantitativas informadas pelo tão almejado *engajamento* das redes

---

[17] Giroud, F. (1995, 20 de setembro). *Le Nouvel Observateur* [grifo nosso], 1610, 14-20.

[18] Ver Freud, S. (2016). *Obras completas: estudos sobre a histeria* (1893--1895) (Vol. 2). Em coautoria com Josef Breuer (L. Barreto, Trad.). São Paulo: Companhia das Letras.

sociais, esses depoimentos assinalam um *essencialmente humano*, constituído por transformações e mudanças que, reunidas, demonstram que a nossa alma não é *uma coisa* estruturada unicamente pelos alicerces das racionalizações. Somos muito mais do que isso e, ao mesmo tempo, somos tudo isso, como nos apontou a gigante Clarice:

> Sou um dos fracos? Fraca que foi tomada por ritmo incessante e doido? Se eu fosse sólida e forte nem ao menos eu teria ouvido o ritmo? Não encontro resposta: sou. É isto apenas: sou o quê. Embora às vezes grite: não quero mais ser eu! *Mas eu me grudo a mim e inextricavelmente forma-se uma tessitura de vida.*[19]

A psicanálise reivindica o lugar do inconsciente, da sexualidade e da finitude no cerne da alma humana. Aspectos que não se calam, tampouco se escondem. Fugir da nossa essência é "dar um tiro no próprio pé", pois a dor de existir sempre vai requerer o seu devido lugar, mais cedo ou mais tarde.

Freud, apesar de ser considerado bastante pessimista em relação à realidade de seu tempo (e o futuro), mantinha seus sonhos de que um dia, talvez, a psicanálise pudesse vir a ganhar o domínio público. Em uma conferência realizada em Budapeste, em 1918, o autor nos diz:

---

[19] Lispector, C. (2020). *Água viva* (2020, p. 15 [grifo nosso]). Rio de Janeiro: Rocco.

Por outro lado, pode-se prever que, em algum momento, a consciência da população acordará e a alertará para o fato de que o pobre tem o mesmo direito à assistência anímica [psíquica] que ele já tem agora à assistência cirúrgica, que salva vidas. E que as neuroses não são menos ameaçadoras à saúde da população que a tuberculose e que, assim como esta, não podem ser deixadas a cargo de cada pessoa do povo. [...] Esses tratamentos serão gratuitos. *Pode ser que leve muito tempo até que o Estado perceba esses deveres como sendo urgentes.*[20]

De fato, ainda não chegamos a esse dia. Os diferentes vértices que tangenciam o tema da saúde mental são aspectos que, em sua maioria, ainda permanecem ignorados pelo Estado. O preço desse desprezo já pode ser averiguado em nossa sociedade contemporânea.

O aumento assustador da quantidade de jovens e crianças que padecem por conta de sofrimentos psíquicos realmente é algo que nos chama a atenção e nos convida a refletir acerca das questões que escapam dos

---

[20] Freud, S. (2017). Caminhos da terapia psicanalítica. In: S. Freud. *Fundamentos da clínica psicanalítica* (Vol. 6, p. 201 [grifos e colchetes nosso]) (C. Dornbusch, Trad., Obras incompletas de S. Freud). Belo Horizonte: Autêntica (obra original publicada em 1919 [1918]).

muros de nossos consultórios.[21] A esperança de Freud não merece cair nos precipícios do silêncio funesto das políticas públicas.

Por outro lado, inúmeros analistas, por meio de iniciativas privadas e com o auxílio de Organizações Não Governamentais (ONGs), movimentam atividades a fim de alcançar um público maior e mais vulnerável.[22] Atitudes desse calibre atribuem contornos admiráveis ao sonho freudiano.

Nesse sentido, a proposta do nosso podcast caminha ao encontro desses mesmos ideais. Embora não se trate de um serviço de escuta compartilhado, talvez possamos entendê-lo como uma ferramenta que impulsiona o sujeito a *escutar-se*. Essa mesma premissa abraça a organização deste livro, que tive a honra de escrever a convite da editora Planeta, pelo selo Paidós.

---

[21] Pensar na possibilidade de construirmos uma psicanálise menos heteronormativa, branca e misógina já representa um bom começo. Recentemente, participei de um grupo de estudos coordenado por uma grande personalidade da psicanálise, que demorou cerca de seis meses para decidir a respeito da disponibilidade de oferecer ou não vagas afirmativas para alunos em condições de vulnerabilidade. Isso atesta a dificuldade de alguns analistas de se desconstruírem e partirem para o ato efetivamente – algo triste de presenciar em nosso meio.

[22] Recomendo veemente a leitura do livro de Elizabeth Ann Danto: Danto, E. A. (2019). *As clínicas públicas de Freud: psicanálise e justiça social*. São Paulo: Perspectiva.

Sobre o livro

Cada livro, como cada escritor, tem alguma passagem mais difícil, incontornável. E ele deve tomar a decisão de deixar este erro no livro para que permaneça um livro verdadeiro, e não de mentira. A solidão, ainda não sei em que ela se transforma depois. Ainda não posso falar disso. O que acho é que essa solidão se torna banal, com o tempo ela se torna vulgar, e que isso é uma felicidade.[23]

Uma das maiores aprendizagens que obtemos por meio de um processo analítico é a nossa capacidade de lidar com a *frustração*. Aos poucos, vamos percebendo que não somos onipotentes e que o mundo não gira (e nem deve girar) ao nosso redor. Dar-se conta disso é libertador, ainda que angustiante. Digo isso pois, ao me comprometer a escrever este livro, tive que aceitar a renúncia de uma série de coisas. Nessa perspectiva, compreendo perfeitamente a afirmação de Marguerite Duras acerca da solidão do escritor. É inevitável que tenhamos de ficar sozinhos, numa espécie de condição de isolamento, a fim de que as ideias possam fluir e flutuar no espaço infinito de uma folha em branco.

Escrever é uma arte. É a capacidade de pintar uma tela com cores que harmonizam e conversam entre si. A propósito, uma das coisas que sempre admirei nos trabalhos de Freud foi a delicadeza e a elegância

---

[23] Duras, M. (1994). *Escrever* (p. 32). Rio de Janeiro: Rocco.

predominantes em sua escrita. Ele certamente sabia brincar com as palavras. Não fazia isso de forma complexa e cansativa, levando o leitor a se sentir burro e incapaz. Jamais! Freud era claro, preciso e, por vezes, irônico. Não à toa ganhou o Prêmio Goethe de Literatura, em 1930, na cidade de Frankfurt.

Pois bem, minha experiência com as letras se deu desde cedo, com a escrita de uma série de cartas para as pessoas da minha família. Eu gostava de surpreender meus pais e avós com declarações de amor ou poemas.

Na adolescência, passei a redigir pequenos textos e poesias que permanecem guardados nas caixas de minha intimidade até hoje. Não tenho coragem de lê-los. Eles representam um tipo de terreno secreto que, talvez, eu decida revisitar em algum momento da minha vida.

No entanto, tenho a impressão de que comecei a escrever *de verdade* durante o mestrado, pois ali a coisa era bem séria e todos os meus parágrafos obviamente seriam analisados por uma banca avaliadora, sem mensurar os quinhentos mil livros, artigos, resenhas e frases que eu tinha de ler para atribuir um contorno às minhas ideias que estavam tão rústicas e desalinhadas.

Não restam dúvidas de que esse foi o período no qual mais aprendi a escrever (no sentido literal do termo). A escrita, como processo, é um campo em desenvolvimento contínuo; quanto mais lemos, estudamos e praticamos, mais o nosso pensamento ganha forma e vai para o papel *sem medo de ser feliz.*

É preciso, sobretudo, coragem para se desnudar pela via das letras e, mais ainda, para lidar com a solidão inerente a essa arte, estado este que poderá ser compartilhado com os leitores, à medida que um texto circula. Talvez esse argumento conforte o coração solitário de um escritor.

O fato é que, durante a minha experiência como acadêmico, tive o costume de escrever livros, artigos e outros materiais que se orientam por uma linguagem mais *técnica* e *científica*. Sempre procuro, porém, manter uma essência de *pessoalidade* e envolvimento que tende a facilitar a leitura das pessoas em geral, e não somente de psicanalistas ou profissionais de nosso campo.

Assim, quando fui convidado para escrever este livro, devo admitir a vocês que algumas correntezas de ansiedade tomaram conta de mim, assumindo a proporção de um oceano bastante turbulento e imprevisível.

Uma delas consistia no fato de que eu estava recebendo esse convite de uma das maiores editoras da atualidade. A outra estava relacionada à questão de que o livro, de acordo com o meu editor – e espero que ele pule essa parte da leitura –, precisava ser dirigido a um público mais amplo.

Partindo desses pressupostos, pergunto a vocês: Como que um autor, predominantemente pesquisador e universitário, poderia escrever um material que atingisse em cheio o coração de quem o lesse, sem ser minimamente técnico? Como transformar os conteúdos que são debatidos no podcast numa linguagem corriqueira e, portanto, não enfadonha?

Corri para as colinas! Sim, pois, após acolher esse convite e assumir essa responsabilidade, é óbvio que a minha escrita *travou*. Coitada da minha analista – e dos meus familiares –, que teve que lidar com as demandas tirânicas do meu superego.

Tudo que eu colocava no papel parecia não estar de acordo com os propósitos do livro. Redigia um capítulo e, depois de um tempo, corria lá e apagava. Então, foi aí que me lembrei de uma passagem da biografia de Melanie Klein (1882-1960). Essa autora ficou conhecida por sua escrita visceral, densa e menos erudita – esse, quiçá, seja um dos motivos pelos quais muitos analistas da geração mais jovem não a leem.

Existem relatos de que Ernest Jones (1879-1958), importante discípulo e primeiro biógrafo de Freud, se ofereceu para reescrever um dos artigos da autora nos anos 1930, com a intenção de que o pensamento dela fosse exposto mais claramente ao leitor; ela o agradeceu, mas recusou educadamente, dizendo: "*Seria claro, mas já não seria eu*"[24] (isso dito com um bom humor afetuoso, mas também com firmeza).

Notei, portanto, que para dar vida às minhas ideias precisava apenas ser eu mesmo e, ao fazer isso, possibilitar que o leitor também seja.

Cada um terá a sua percepção desse inusitado encontro de bar, do mesmo jeito que cada um recebe as

---

[24] Klein, M. (A. Socha, Org.) (2019). *Autobiografia comentada* (p. 196). São Paulo: Blucher.

informações compartilhadas nos episódios do podcast. O que eu fiz foi apenas *contornar a minha fala* enquanto estou lidando com o conteúdo bruto da matéria-prima. "Estou atrás do que fica atrás do pensamento. Inútil querer me classificar: eu simplesmente escapulo [...]. Estou num estado muito novo e verdadeiro, curioso de si mesmo, tão atraente e pessoal [...]".[25]

Dito isso, decidi assumir que o nascimento desta obra só seria viável caso eu me referisse *em primeira pessoa*, dividindo com o leitor a minha *dor e a delícia de ser*, como bem cantou Caetano Veloso. Ora, não seria essa uma das maiores potências de um trabalho analítico?

Como ler este livro?

Embora não haja um manual, visto que cada um poderá lê-lo da forma que bem quiser, gostaria de propor duas recomendações:

1) A montagem do livro atendeu ao seguinte critério: selecionei os cinco episódios mais ouvidos do podcast e os transcrevi de maneira lúdica e não literal, complementando com informações e referências que não couberam no episódio por questões de tempo e espaço. Desse modo, o leitor poderá optar por ler os capítulos que mais lhe interessam ou seguir a leitura de modo

---

[25] Lispector, C. (2020). *Água viva* (p. 10 [grifo nosso]). Rio de Janeiro: Rocco.

ordenado. Isso não terá influência sobre o entendimento do conteúdo geral deste trabalho.

2) Saliento que este não é um livro dirigido somente a psicanalistas ou a profissionais da área, mas, sim, escrito para qualquer pessoa que queira refletir sobre alguns aspectos da *vida cotidiana*; com exceção do Capítulo 1, que versa precisamente sobre o tema da "Psicanálise na graduação de psicologia". Também é nesse capítulo que discuto as polêmicas que giram em torno da *formação psicanalítica* como um todo, desfazendo alguns mal-entendidos que intercruzam a nossa ocupação e o percurso necessário para praticá-la.

Após esses breves comentários, apresentarei, agora, a estrutura propriamente dita do nosso livro.

O Capítulo 2 tem como título "Configurações do narcisismo" e se debruça sobre o clássico texto de Freud "Introdução ao narcisismo", de 1914. Proponho uma introdução histórica sobre o contexto em que esse artigo foi redigido e, em seguida, realizo uma espécie de "dissecação" dessa obra, procurando explicar ao leitor como os conceitos se desdobram durante a evolução do pensamento freudiano.

Por fim, articulo as ideias de Freud com o nosso contexto cultural, fortemente influenciado pela sociedade do espetáculo e das redes sociais. Estaria correta a utilização que muitas pessoas fazem do termo "narcisismo"?

O Capítulo 3, chamado "*A filha perdida*: reflexões psicanalíticas", apresenta uma análise do filme *A filha perdida* (Netflix, 2021), dirigido por Maggie Gyllenhaal e baseado na obra homônima de Elena Ferrante. Abordamos questões que versam sobre a maternidade e, sobretudo, a filiação.

Para tanto, nos valemos da teoria de Sándor Ferenczi, grande psicanalista húngaro, contemporâneo de Freud. Ele descreveu, com maestria e sensibilidade, teses fundamentais a respeito da experiência traumática e seus impactos no psiquismo humano. Como alguém pode ser mãe se nunca ocupou legitimamente o lugar de filha? De que forma a nossa herança machista exerce influência direta acerca das nossas compreensões sobre maternidade?

O Capítulo 4 se dedica à discussão do tema "A síndrome do impostor e a psicanálise", assunto que está bastante em alta por sinal, pois tal forma de sofrimento produz conflitos nas relações do sujeito com a vida e, principalmente, com o *trabalho*, tornando-o menos produtivo.

Como as diferentes teorias psicanalíticas, sobretudo a de Freud e a de Klein, enxergam tal comportamento, que tem como base o mecanismo inconsciente da autossabotagem? Por quais vias a psicanálise poderia auxiliar o indivíduo a superar (ou contornar) essa forma de subjetivação?

Para finalizar, no Capítulo 5, vou falar um pouquinho sobre amor. Esse danado que vive lascando a nossa vida e a deixando cheia de angústias. Por que esse sentimento, apesar de tanto nos fazer sofrer, faz com que, sem ele, a nossa vida perca completamente o sentido? Quais são as possíveis formas de amar? Para dar consistência ao nosso debate, partiremos do famoso aforismo lacaniano "Amar é dar aquilo que não se tem a alguém que não o quer" – que é precisamente o título desse capítulo. Que diabos o Lacan tinha fumado, usado ou ingerido quando disse isso? Por que as suas palavras ressoam como um tipo de mensagem enigmática, quando, na verdade, elas denunciam as bases de nossas fraquezas?

* * *

É inacreditável que, em um país cujo governo despreza tanto a cultura e a educação, um podcast de psicanálise figure entre os cem mais ouvidos na principal plataforma de streaming de que dispomos na atualidade: o Spotify.

Torço enfaticamente para que este livro alcance muitas mãos. Não somente para que as pessoas percebam que é possível falar de teoria sem ser chato e cansativo, mas também para que cada um reconheça o verdadeiro significado da psicanálise *em suas vidas*. É somente com a leitura que podemos peregrinar pelos labirintos de nossa alma, além, é claro, de um processo de análise pessoal – que, é necessário admitir, ainda é algo muito distante da nossa realidade social.

Espero, por fim, que a descoberta freudiana toque o cerne de cada um que nos lê, promovendo profundas indagações, pois é esse o grande objetivo de uma psicanálise: *inquietar, incomodar até transformar*. Ela nos tira da posição de conforto, nos fazendo repensar a vida com menos hipocrisia e mais sensatez. A psicanálise não nos cura de nossos sofrimentos – nem se propõe a isso –, mas nos coloca diante deles, reassegurando a nossa capacidade de *responsabilização* e o *alcance da maturidade*.

Conservo, no meu íntimo, a forte expectativa de que este seja apenas o primeiro volume de uma série que está por vir, afinal temos material de sobra no podcast e, especialmente, nesse mundo insano que não para.

A prática psicanalítica, no entanto, segue na contramão desse ritmo desenfreado e sugere uma escuta legítima e sincera daquilo que ignoramos em nós e nos outros. Ela é uma "viagem que tem a angústia como ponto de partida e a descoberta de sua origem como destino final. Um caminho que, sem outra bússola além da palavra, dois aventureiros percorrem juntos, tendo por motores o desejo de saber e a paixão".[26]

Neste livro, também nos guiamos pelas palavras, e o destino desse trajeto é único e somente cada leitor saberá.

As palavras foram lançadas, os sentidos serão atribuídos e as ressonâncias na carne e na alma ninguém poderá presumir.

Desbravemos!

Com amor,

Alexandre Patricio de Almeida
Abril de 2022

---

[26] Nasio, J.-D. (2019), *Sim, a psicanálise cura!* (p. 8). Rio de Janeiro: Zahar.

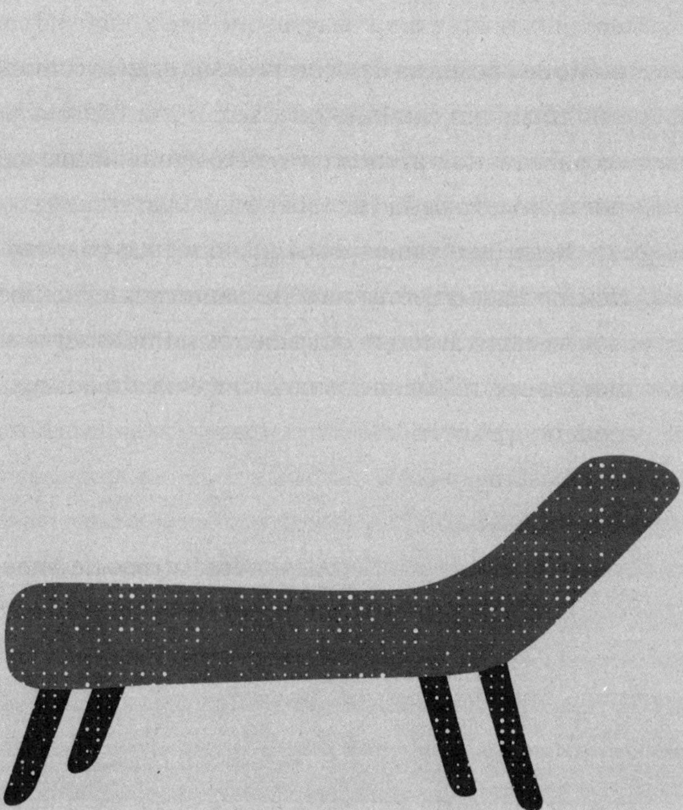

Capítulo 1
—
Psicanálise na graduação de psicologia

Para início de conversa: um mergulho na história

> Cego é o que fecha os olhos
> e não vê nada.
>
> Pálpebras fechadas, vejo luz.
> Como quem olha o sol de frente.
>
> Uns chamam escuro
> ao crepúsculo
> de um sol interior.
>
> *Cego é quem só abre os olhos*
> *Quando a si mesmo se contempla.*[1]

Em 1919, Freud publica um texto que, embora curto, traz consigo reflexões bastante vigorosas. Trata-se do ensaio "Deve-se ensinar a psicanálise nas universidades?".[2] Nas linhas que se seguem, tentarei resumir as ideias que ele propõe nesse artigo, tecendo algumas considerações aqui e acolá com o contexto atual acerca da *transmissão psicanalítica* – principalmente depois da

---

[1] Couto, M. (2016). *Poemas escolhidos* (p. 73 [grifo nosso]). São Paulo: Companhia das Letras.

[2] Freud, S. (2010). Deve-se ensinar a psicanálise nas universidades? In: S. Freud. *Obras completas*: história de uma neurose infantil ("O homem dos lobos"), além do princípio do prazer e outros textos (1917-1920) (Vol. 14, pp. 377-381) (P. C. de Souza, Trad). São Paulo: Companhia das Letras (obra original publicada em 1919).

explosão desse assunto nas redes sociais, que ocorreu durante e pós-quarentena.

Bom, logo de início o autor é bem claro: a inclusão da psicanálise no currículo universitário certamente seria um motivo de satisfação e orgulho aos psicanalistas, mas, ao mesmo tempo, é evidente que o psicanalista *pode prescindir da universidade*, sem prejuízo à sua formação.

Ou seja, o próprio Freud é quem escreve com todas as letras que um psicanalista não precisa ter formação acadêmica (*pasmem!*). Entretanto, ele se justifica e nos informa, em seguida, que o conteúdo que o futuro analista necessita, ao menos teoricamente, pode ser obtido na literatura especializada e aprofundado nas reuniões científicas das sociedades psicanalíticas, assim como na troca de ideias com colegas mais experientes em grupos de estudos.

Quanto à experiência prática, temos dois pontos a serem abordados.

O primeiro deles diz respeito ao que se aprende na análise pessoal e, *somente pela via da análise pessoal*, pois um analista de verdade se forma pelo divã, atravessando os próprios fantasmas, desvelando suas inverdades e havendo-se com seus desejos – quando identificados, evidentemente.

Diga-se de passagem, aliás, essa é a parte *mais custosa* da formação psicanalítica – e não me refiro aqui somente às questões financeiras que, em nosso país, ainda são uma ferida a ser tocada, tendo em vista o fato de que algumas sessões de análise, com *profissionais famosos*, passam da casa dos mil reais, colocando em xeque a clássica assertiva lacaniana: "*é preciso bancar o desejo para sustentar uma análise*". Sei...

Pois bem, o segundo ponto se refere à prática clínica propriamente dita. Ou seja, ao iniciar o atendimento de pacientes, após uma longa e considerável trajetória teórica e de análise pessoal, o profissional em formação deve se submeter a aconselhamento e supervisão de colegas já reconhecidos por sua atividade analítica. Aqui, faço uma ressalva pessoal: recomendo veemente a participação em *seminários clínicos* ou em *grupos de supervisão de casos* antes mesmo de iniciar os atendimentos.

Para analisar alguém, é preciso saber escutar. E, vamos combinar que, na nossa cultural atual, é o que as pessoas menos fazem. Cada um quer falar de si e expor os seus problemas, mas, quando somos colocados na condição de ouvintes, logo nos distraímos, mexemos no celular e, mesmo que de modo inconsciente, julgamos a fala do outro como *desinteressante*.

Ora, se eu fosse contar as vezes em que o supervisor teve que solicitar à turma *silêncio e paciência* para que o aluno que estava ali apresentando o caso pudesse terminar de contá-lo inteiramente, levando em consideração todas as trezentas mil horas de seminários clínicos que já participei na minha vida, certamente eu precisaria de uma equação matemática para encontrar o número correto.

Novamente reitero: o candidato à analista tem que saber escutar, isto é, *cultivar* um dispositivo psicanalítico que se atente ao discurso do outro, que, na maioria das ocasiões, não aparece tão bem estruturado quanto a expectativa do jovem aspirante. Trata-se de escutar com a alma, permitir ser afetado e, simultaneamente, saber filtrar o que será bom ou não de ser lançado naquele momento do encontro de *dois inconscientes*.

Freud dirá que, a partir do momento em que uma universidade se dispõe a implantar o ensino da psicanálise em sua matriz curricular, ela deve se perguntar *onde* e *de que forma* vai sustentar tal empreitada. Como exemplo, Freud menciona alguns fatos que justificam a importância da psicanálise na totalidade da formação *médica* e *acadêmica*:

1) O autor denuncia que *nas últimas décadas* (e estamos falando de 1919!) a formação em medicina tem sido *justamente criticada* pela visão *unilateral* com que orienta os estudantes. Ou seja, muito se ensina sobre anatomia, fisiologia, química, física e biologia, enquanto os fatores psíquicos (e subjetivos) são excluídos das diversas funções vitais, inclusive da compreensão do ser humano em sua totalidade. Essa lacuna vai denunciar um *déficit* do profissional médico, e a consequência será, por um lado, o desinteresse pelos problemas mais complexos da vida, seja sadia, seja enferma, e, por outro, a incapacidade de escutar o paciente, *"de modo que até mesmo charlatões e curandeiros terão mais influências sobre ele"*.[3]

---
[3] *Ibidem*, p. 379.

Concordo totalmente com Freud, e não preciso ir tão longe para explicar os motivos para tal. Recentemente, minha avó, uma senhora de 77 anos diagnosticada com câncer em estágio inicial e felizmente curada por intermédio de uma cirurgia bem-sucedida, foi obrigada a fazer alguns exames de rotina, e um deles consistia em um procedimento bastante invasivo que exigia muita delicadeza e acuidade do profissional.

Bom, o que ocorre é que o médico em questão perdeu a paciência com a minha avó e acabou gritando com ela em seu consultório – conduta que a deixou muito emocionalmente desestabilizada. Ah, convém destacar que nessa mesma consulta ele sequer quis saber do histórico de sua paciente, mantendo uma postura fria e distante. Isso não significa, em hipótese alguma, que, caso ele tivesse estudado psicanálise, isso não aconteceria. No entanto, penso que a psicanálise pode, sim, oferecer uma visão mais abrangente do sujeito, principalmente no que tange às formas de subjetivação que ultrapassam o limite da unidade fisiológica.

Levando em consideração que, atualmente, a medicina se respalda cada vez mais em manuais ortodoxos e na intervenção farmacológica, seria no mínimo interessante que os médicos construíssem um olhar mais sensível (e consistente) da dupla *"psique/soma"* que integra o nosso eu. Isso certamente nos auxiliaria a aperfeiçoar uma prática que superasse as bordas do corpo e nos levasse a tocar, com sutileza, os núcleos da alma.

2) A preparação para o estudo da *psiquiatria* é outra função da psicanálise mencionada por Freud. O autor afirma que, naquela época (*e ainda hoje?*), a psiquiatria era de caráter meramente descritivo; apenas ensinava "o estudante a reconhecer uma série de quadros clínicos, capacitando-o a distinguir quais deles são incuráveis e quais são perigosos para a comunidade".[4]

Freud novamente denuncia a ausência de uma visão que possa ir além do orgânico, por exemplo, a *observação dos fatos*. Algo muito sutil, mas que ele prezou desde o início do desenvolvimento de sua obra: atentou-se aos sonhos, às piadas, aos esquecimentos, aos lapsos de linguagem, aos atos falhos etc. – ou seja, às pequenas coisas do cotidiano que a gente ignora justamente por serem irrelevantes.

Durante meus primeiros anos de *estudos em psicanálise*,[5] recordo-me de vários professores psiquiatras que passaram por nossa turma.

---

[4] *Ibidem*, p. 380.

[5] Gostaria de salientar o uso que fiz do termo "estudos em psicanálise", pois não acredito que exista uma formação em psicanálise. Nenhum analista, a meu ver, pode se julgar "pronto" e suficientemente preparado após concluir um curso de formação em algum instituto. Os estudos, a análise pessoal e a supervisão são atividades permanentes – o que me faz pensar e dizer aos meus alunos, incansavelmente, que a psicanálise é um projeto de vida.

Todos deixaram um legado admirável acerca da concepção do sentido real de psicopatologia e das múltiplas nuances que cotejam o sofrimento humano. Um deles, em específico, sempre nos dizia: *"Antes de medicar qualquer paciente, gosto mesmo é de ouvi-los, conversar com eles, saber de suas histórias. Essa estratégia me auxilia a perceber, por exemplo, quando realmente um paciente está deprimido, e quando estamos lidando apenas com um período transitório de profunda tristeza – o que é normal da natureza humana, por sinal, embora a sociedade diga o contrário".*

3) Por último, Freud aponta aspectos que fazem da prática analítica uma ética própria e independente, ainda que atravessada pelos valores de seu tempo – isso em qualquer período da história, pois uma psicanálise que não se propõe ao diálogo com o seu contexto *está morta*.

Nesse sentido, sua aplicação não se limita ao âmbito dos distúrbios psíquicos, mas se estende igualmente ao estudo e à problematização de áreas diversas como a arte, a política, a filosofia, a religião, a educação, a literatura, a antropologia etc. Portanto, o autor defende que a nossa ciência também deve ser aberta aos estudantes desses mais distintos campos. Tal premissa alarga significativamente a capacidade de articulação da teoria psicanalítica e, nesse ponto, adentramos de forma efetiva os espaços universitários. Diversos programas de pós-graduação *stricto sensu* –

mestrado e doutorado – no Brasil e no mundo inteiro oferecem linhas de pesquisa que contemplam os campos mencionados por Freud.

Com efeito, não é raro encontrarmos alunos pesquisadores de áreas bastante plurais que, apesar de não serem psicanalistas, têm interesse legítimo em pesquisar o tema, traçando um possível diálogo entre a psicanálise e as outras ciências – o que torna o debate cultural ainda mais consistente e engrossa o caldo da nossa disciplina.

Freud, portanto, deixa claro: a psicanálise pode, sim, ser inserida nas universidades, porém em nenhum momento afirma que tal espaço público ou privado possa ser capaz de "formar" analistas. Embora se refira ao longo do texto, predominantemente, aos cursos de medicina, ele propõe na última parte a interface do saber psicanalítico com outras áreas do conhecimento e da cultura – o que nos induz a elevar o calibre de nosso debate.

A psicanálise no curso de psicologia: a supervisão

Chegamos, finalmente, à descrição exata do conteúdo do podcast. A título de curiosidade, esse foi o primeiro episódio do *Psicanálise de boteco* e, caso o ouvinte se atente, perceberá, sem esforço algum, que tanto eu quanto o convidado estamos rindo de nervoso. Sim, os psicanalistas também ficam nervosos – ainda mais quando ousam desbravar os terrenos inóspitos e sombrios das mídias digitais.

Nesse episódio, recebi a única pessoa da área que estava ao meu lado naquele momento e que topou encarar a loucura de gravar esse conteúdo: o meu companheiro, Filipe Pereira Vieira!

Tendo concluído a sua graduação em psicologia no fim de 2020, seu percurso em psicanálise pode ser considerado relativamente significativo, já que, desde 2014, ele permanecia em análise pessoal e, em 2018, ingressou em grupos de estudos que abordavam a leitura da obra freudiana e de outros autores psicanalíticos.

Além disso, durante os semestres finais de seu curso, começou a participar de colóquios e congressos de psicanálise – uma recomendação que costumo fazer a todos os alunos, por sinal.

De imediato, Filipe nos fala, *em primeira pessoa*, que durante a graduação teve somente dois semestres de disciplinas teóricas voltadas ao saber psicanalítico. No primeiro deles, estudou alguns textos básicos de Freud – como "Cinco lições de psicanálise" (1910), "Introdução ao narcisismo" (1914) e "Luto e melancolia" (1917) – e, no segundo, teve um misto de Klein e Winnicott.

Vale lembrar que essa é a experiência pessoal dele como aluno de *determinada* instituição. Outras universidades, no entanto, têm uma parte muito maior do curso de psicologia voltada à psicanálise – cerca de quatro a seis semestres –, enquanto em outras os alunos mal sabem quem foi Sigmund Freud, pois a ênfase do curso está direcionada a outras abordagens, como a fenomenologia e a terapia cognitivo-comportamental, por exemplo.

Ainda não há um consenso sobre isso, pelo menos no Brasil, onde os cursos de formação de psicólogos – oferecidos hoje por inúmeras instituições universitárias –, apesar de terem algumas diretrizes obrigatórias definidas pelo Conselho Federal de Psicologia (CFP), gozam de livre-arbítrio para elaborar a matriz curricular no que diz respeito à escolha de determinadas disciplinas.

Então, nesse sentido, recomendo ao jovem estudante de psicologia interessado em psicanálise que comece a trilhar uma espécie de caminho autogerido, frequentando grupos de estudos com profissionais reconhecidos, que, durante a pandemia, viraram uma verdadeira febre no Instagram, mantendo-se, em sua maioria, de forma remota – o que facilita o acesso ao conhecimento para muita gente, tornando-o mais democrático.

Além disso, geralmente, esses grupos oferecem preços muito mais acessíveis do que os de alguns seminários teóricos ministrados por institutos renomados. Vale salientar, porém, que é muito importante a análise do *currículo*[6] e do *percurso* do profissional

---

[6] Existe, inclusive, uma plataforma do Conselho Nacional de Desenvolvimento Científico e Tecnológico (CNPq) na qual você pode consultar o currículo de professores/pesquisadores, observando o percurso deles como cientistas, suas publicações e, também, participação em congressos e eventos da área. Chama-se "Lattes" (https://lattes.cnpq.br/). Portanto, todo pesquisador que se preze tem por obrigação manter o seu currículo *lattes* atualizado. Infelizmente, muitos alunos não sabem da existência desse recurso.

que você pretende escolher para orientar seus estudos. Sempre procurem referências, afinal competência e bagagem clínica não se fazem por meio de um feed esteticamente atraente de qualquer rede social.

Em seguida, Filipe inicia outro assunto peculiar da graduação: *a escolha dos estágios nos anos finais*. Esse período do curso geralmente é seguido de bastante entusiasmo pelos alunos, pois assinala a chegada da parte *prática* da psicologia. Compartilhando suas escolhas conosco, ele revela que optou por fazer as seguintes modalidades: plantão psicológico, com o viés fenomenológico; psicologia hospitalar, também orientada pela fenomenologia; e, por fim, o atendimento psicoterapêutico de base psicanalítica.

Acerca desse último aspecto, Filipe dividiu com a gente que, durante todo o ano letivo, atendeu o mesmo paciente, realizando supervisão semanalmente sob a orientação da professora responsável junto a um pequeno grupo de alunos, que, por sua vez, também compartilhava os recortes dos casos.

No que tange à importância *fundamental* da supervisão na formação de psicólogos e, mais especificamente, de psicanalistas, gosto muito de um texto de Daniel Kupermann, que nos sugere as seguintes inquietações:

> No tripé da formação clínica, a supervisão ocupa uma tópica intermediária entre o mais singular e incomunicável – o inconsciente atestado na própria análise – e o mais universal – as construções teóricas.

Institui-se, portanto, com a supervisão, um espaço intermediário no qual a teoria ganha corpo, caracterizado pelo intercâmbio das vivências inéditas da escuta do supervisionando no exercício de sua clínica, com a experiência acumulada do supervisor, que busca, por meio dela, contribuir para que o supervisionando possa construir seu *caso* clínico, sempre original. [...] Fico bastante tentado, assim, a definir a supervisão, inspirado em Winnicott (1975), como um espaço *contrapedagógico* no qual tanto o supervisionando quanto o supervisor "brincam" juntos para viabilizar a construção de seus casos clínicos. [...] Os principiantes relatam angústias intensas vinculadas ao primeiro atendimento, e o supervisor exerce também a função de sustentação das angústias ante o desconhecido – e ameaçador – da situação clínica.[7]

Estou de acordo com Kupermann e compreendo, também, a supervisão clínica muito mais como uma relação de trocas que se orienta mais por um modelo *horizontal* do que *vertical*, ou seja, por mais que o supervisor esteja numa posição privilegiada, é preciso lembrar que, tanto ele quanto os alunos, estão diante de fenômenos desconhecidos.

Várias vezes, durante os encontros de supervisão clínica que coordeno, sou arrebatado pela clássica

---

[7] Kupermann, D. (2018). O chiaroscuro da supervisão psicanalítica. In: M. L. T. Moretto & D. Kupermann (Orgs.). *Supervisão: a formação clínica na psicologia e na psicanálise* (p. 37 [grifo nosso]). São Paulo: Zagodoni/FAPESP.

questão: *"O que eu faço com o meu paciente?"*. Não tenho nem pretendo ter uma resposta pronta, ortodoxa, dogmática que objetiva ditar os moldes do ser e fazer psicanalítico. Aliás, como bem nos disse Bion, citando Maurice Blanchot: "A resposta é a desgraça da pergunta". A mesma premissa se aplica, a meu ver, na relação analista-analisando e, nesse âmbito, creio que Bion pode ser chamado à conversa mais uma vez. Cito o autor:

> Mas o que dizer do homem ou mulher que se apresenta em nosso consultório? Esta pessoa é o colaborador mais poderoso que você jamais encontrou. Nesta profissão solitária, tudo depende de nós mesmos, sozinhos, se bem que, ao mesmo tempo, estamos numa sala com um "alguém" que, além de ser a pessoa que veio buscar assistência, é também a pessoa apta a nos prestar a assistência mais poderosa que jamais encontraremos.[8]

Acredito que, aqui, tocamos em outra ferida pertencente ao campo da psicanálise e, mais frequentemente, ao da psicologia. Muitos alunos que passaram por essa graduação compartilham comigo algumas experiências de como eram orientados em seus estágios supervisionados.

O supervisor, na maior parte dos casos, *sempre sabia de tudo* – ou, pelo menos, era isso que queria

---

[8] Bion, W. R. (2016). Domesticando pensamentos selvagens (p. 49) (F. Bion, Ed.; L. C. U. Junqueira Fº, Trad.). São Paulo: Blucher.

demonstrar. Não havia espaço para interrogações, tampouco para construções conjuntas. Eram sempre afirmações pontuais e certeiras. Tal dispositivo prático colocava os estudantes num estado de extrema angústia durante as sessões com os pacientes, pois seus pensamentos eram sempre atravessados pelo olhar crítico do supervisor, que emergia, naquele cenário, como uma espécie de figura fantasmagórica que tudo vê e avalia.

Essa postura, certamente, implicava no andamento do próprio processo analítico, pois como manter uma atenção flutuante – conforme nos alertou Freud – quando a nossa mente está sendo influenciada por uma moral fortemente opressora e paralisante?

Nesse sentido, Bion[9] nos dirá que nutre certa desconfiança e tristeza diante da expressão: "É, eu sei... é, eu sei!". Essa fala – bastante comum não apenas entre alguns professores e psicanalistas experientes, mas, lamentavelmente, também corriqueira entre os alunos que estão iniciando os estudos e a atividade clínica – atesta um fato: se o espaço disponível a aprender está todo preenchido pelo que já se sabe, não há lugar para mais nada.

"Torna-se quase uma operação arqueológica ter que escavar este conhecimento na esperança de encontrar em algum canto do seu interior um pensamento, ou quem sabe uma sabedoria, ali enterrados".[10]

---

[9] *Ibidem*, p. 45.

[10] *Ibidem*, p. 45.

A arrogância é definitivamente o maior oposto da investigação científica. A psicanálise, por outro lado, tem a grande vantagem de conciliar *prática* e *pesquisa* em seu exercício cotidiano. Portanto, se nos fecharmos às trocas entre os pares, cheios de soberba e presunção, jamais seremos capazes de construir, efetivamente, o pensar (e o fazer) analítico.

Isso não se restringe apenas no que diz respeito à supervisão, mas, também, no que se refere às nossas leituras, aos estudos e à produção escrita – não é raro observarmos em alguns profissionais de nossa área o desinteresse e a indiferença pela produção de seus colegas. Lembremos, porém, que *uma andorinha só não faz verão* – como nos ensina o ditado popular. Um analista que discute suas ideias consigo tende a empobrecer não somente a atividade clínica, construindo um olhar unilateral e individualista, mas também pode colocar em risco o andamento de todo o processo terapêutico, simplesmente por sustentar sua vaidade e seu narcisismo – um preço alto que vai diretamente para a conta do pobre analisando.

Algumas considerações sobre a psicanálise selvagem

Outro assunto que abordamos nesse episódio foi a problemática que envolve as *interpretações psicanalíticas*. Alguns anos de prática, atuando como professor universitário e supervisor clínico no curso de graduação em psicologia, me mostraram que muitos alunos realmente estabelecem uma relação de *fusão* com a psicanálise. E, nesse âmbito, não me refiro ao aspecto positivo dessa afinidade, que poderia, por exemplo, estar relacionada ao estudo constante e à análise pessoal.

Pelo contrário, estou usando o termo "fusão" aqui em seu sentido prejudicial, como uma espécie de alienação ou fanatismo. Explico melhor: no início da atividade clínica, é comum encontrar alunos que, assim que começam a ter contato com a psicanálise, acreditam genuinamente que podem interpretar *tudo* e *todos*.

"Se fulano tem problemas com a mãe, é porque ele possui um Édipo mal resolvido"; ou, "se o sujeito não estabelece um vínculo com o processo terapêutico, é porque ele tem muita pulsão de morte", e por aí vai. Enquanto tais suposições ficam restritas ao meio social do indivíduo, até que é aceitável; entretanto, quando elas penetram o cenário clínico, a dimensão do problema amplia significativamente.

Às vezes, *um charuto é só um charuto* – e não nos compete tecer interpretações relacionadas ao falo, à castração, à falta, ao desejo e ao *diabo a quatro*, principalmente quando se trata da primeira entrevista com os futuros analisandos.

Contudo, essa postura de jovens estudantes não escapou à pena de Freud, que, rapidamente, elaborou um artigo advertindo os praticantes da "análise selvagem". O texto, tão necessário à época, acabou sendo publicado enquanto a psicanálise ainda era uma criança, em 1910.

Nesse trabalho, intitulado "Sobre psicanálise selvagem", o mestre de Viena nos relata um caso – e vamos combinar que todos nós amamos esses bastidores fofoqueiros – que diz que, certa vez, uma senhora mais velha, que se queixava de profundos estados de angústia, apareceu em seu consultório acompanhada de uma amiga. "Com seus 40 e tantos anos, bastante conservada, mas, ao que parecia, não havia ainda fechado o ciclo de sua feminilidade".[11]

O motivo de seu sofrimento psíquico tinha sido o divórcio de seu último marido; entretanto, a angústia, segundo ela informara, havia aumentado muito desde que se consultara com um jovem médico de seu bairro, que lhe detalhou a causa de sua angústia: *necessidade sexual*.

Ou seja, na concepção do médico iniciante, ela estava sofrendo porque estava sem sexo. Assim, só havia três caminhos para a cura: voltar para o marido, ter um amante ou a satisfação solitária (masturbar-se). Seria trágico se não fosse cômico, não é mesmo?

Desde então, a pobre senhora da aristocracia vienense estava convencida de que era incurável, pois não desejava voltar para o marido, tampouco pôr em prática os outros dois meios, já que iam contra sua

---

[11] Freud, S. (2017). Sobre psicanálise "selvagem". In: S. Freud. *Fundamentos da clínica psicanalítica* (Vol. 6, p. 81) (C. Dornbusch, Trad., Coleção Obras incompletas de Sigmund Freud). Belo Horizonte: Autêntica (obra original publicada em 1910).

moral e sua religião. Foi aí que procurou por Freud, conforme sugerido pelo médico, que havia lhe dito que a abordagem do austríaco, além de nova, se devia a ele, portanto seria recomendado que ela fosse pessoalmente confirmar com o próprio, pois era assim mesmo que a psicanálise funcionava, e não de outra forma.

Abismado diante de tal ocorrência, Freud nos lembra imediatamente de que uma psicanálise não se consolida com essa postura, e, caso algum médico julgue necessário conversar com uma mulher sobre sexualidade, "terá de fazê-lo com *tato* e *discrição*".[12]

É interessante notar a delicadeza de nosso autor ao recomendar que os profissionais da saúde devam agir com *tato*, ou seja, com sutileza e empatia, sobretudo ao abordar assuntos tão delicados para um paciente – conselho válido até os dias de hoje, verdade seja dita.

Freud continua delineando suas ideias e nos diz que tal recomendação é meio que óbvia e coincide com certas prescrições *técnicas* da psicanálise. Logo, faltou uma boa dose de bom senso ao nosso jovem aprendiz. Além disso, a esse médico teria carecido "uma série de ensinamentos científicos da psicanálise, mostrando com isso quão pouco ele avançou no entendimento da essência e das intenções dessa área".[13]

---

[12] *Ibidem*, p. 83, grifo nosso.

[13] *Ibidem*.

Nosso autor segue desfazendo mal-entendidos. Vejamos:

> Os conselhos do médico permitem reconhecer claramente qual o sentido que ele atribui à "vida sexual". No sentido popular, sendo que por necessidades sexuais ele nada mais entende que a necessidade do coito ou coisas análogas que propiciam o orgasmo e a descarga das substâncias sexuais. [...] O conceito do sexual engloba muito mais na psicanálise; tanto para cima quanto para baixo, ele vai além do sentido popular. [...] julgamos ser parte da "vida sexual" também todas as atividades de sensações carinhosas que se originaram da fonte das moções sexuais primitivas [...]. Por isso, também preferimos falar em *psicossexualidade*, enfatizando que não se deve esquecer nem subestimar o fator anímico da vida sexual.[14]

Dito isso, percebemos o quanto o sentido de sexualidade, para a psicanálise, é profundamente vasto e atrelado à esfera psíquica. Sexual é aquilo que nos move, que nos liga, que nos *conecta* uns aos outros, a nós mesmos e/ou às coisas que adoramos/odiamos – lembrando que o oposto do amor não é o ódio, mas, sim, a *indiferença*.

Sexual é a própria personificação de Eros – o deus do amor da mitologia grega –, na sua mais pura essência. É o que nos faz ficar horas a fio estudando,

---

[14] *Ibidem*.

trabalhando, treinando ou, simplesmente, amando. Sob essa perspectiva, podemos compreender então que realmente *tudo para a psicanálise é sexo*. E Freud é enfático quando diz: "Aqueles que não compartilham dessa concepção de psicossexualidade não têm direito de se reportar às teses basilares da psicanálise [...]".[15]

Saindo do campo teórico e adentrando o campo clínico, mais especificamente o terreno das interpretações, o autor nos alerta que a técnica psicanalítica se orienta em dizer ao paciente algo além daquilo que está na superfície, um conteúdo que o paciente desconhece. Portanto, caso esse desconhecimento seja suspenso pela via da comunicação (sobre as relações entre as causas de seu sofrimento e a sua vida, sobre as suas vivências de infância etc.), ele será curado.

"Não é o desconhecimento em si o momento patogênico, mas a fundamentação do desconhecimento em *resistências internas* que primeiro evocaram o desconhecimento e ainda agora o sustentam".[16] Logo, será no combate contra essas resistências que reside a tarefa da análise.

A comunicação daquilo que o paciente não sabe, porque assim o recalcou, é, porém, apenas uma das preparações necessárias para o tratamento psicanalítico. E Freud justifica: "Se o conhecimento do inconsciente fosse tão importante para o doente como quer

---

[15] *Ibidem*, p. 84.

[16] *Ibidem*, p. 86, grifo do autor.

crer o inexperiente em psicanálise, para a cura seria suficiente o doente assistir a palestras ou ler livros a respeito".[17]

Por meio de uma famosa analogia, o autor aprofunda-se ainda mais na problemática de achar que o tratamento psicanalítico consiste apenas em *traduzir* as mensagens subliminares e confusas enviadas pelo inconsciente ao analisando. Cito-o: "[...] essas medidas têm a mesma influência sobre os sintomas de males nervosos quanto a distribuição de cardápio para os famintos".[18]

Assim, a interpretação do inconsciente, quando bem-feita – é óbvio –, tem como consequência a intensificação do conflito dentro do paciente e, por conseguinte, o aumento de seu sofrimento. No entanto, paradoxalmente, a psicanálise não pode se abster das interpretações do inconsciente. Freud nos adverte, porém, que ela não deve ocorrer antes que se dê o preenchimento de dois pré-requisitos. Primeiro, até que o próprio paciente se aproxime do conteúdo recalcado, com preparação adequada; e, segundo, até que ele tenha se apegado ao analista de tal forma – o que chamamos de transferência – que o processo possa realmente *fluir*.

Somente com o preenchimento desses pré-requisitos básicos será possível reconhecer e dominar as resistências que levaram aos mecanismos de

---

[17] *Ibidem*, pp. 86-87.

[18] *Ibidem*, p. 87.

recalque e, consecutivamente, ao sofrimento psíquico. É preciso construir, lentamente, um *vínculo* com o analisando, baseado em confiança, empatia e tato.

Nesse sentido, uma intervenção psicanalítica certamente pressupõe um contato mais prolongado com o paciente, mas tentativas de, logo na primeira sessão, atropelá-lo com a comunicação abrupta de seus segredos, além de serem tecnicamente condenáveis, costumam resultar em uma antipatia profunda por parte do paciente em relação ao analista e à própria psicanálise.

Numa dimensão oposta, encontramos figuras de psicanalistas altamente caricatos, silenciosos, que se sustentam na imponência de uma postura quase mórbida e sombria, imunes ao discurso emocional de seus pacientes ou a qualquer demonstração de afeto humano. Essa imagem faz a psicanálise parecer fria e a afasta de sua verdadeira origem, já que ela nasceu como um *arauto de esperança*, anunciando o resgate do sujeito de sua miséria neurótica e de seu sofrimento psíquico.

Infelizmente, tal atitude de arrogância e frieza pode também estar presente no cenário acadêmico com alguma frequência, intimidando os estudantes durante a graduação de psicologia, que finalizam o curso considerando o saber psicanalítico algo exatamente erudito, inatingível e pedante.

Recentemente, um comentário que recebi no Instagram sobre o nosso podcast despertou minha atenção. Dizia o seguinte: "Sou psicóloga há vinte anos, e sempre detestei a psicanálise na faculdade, desenvolvendo uma séria dificuldade com ela. Atuo, hoje, com a terapia sistêmica, na qual a estrutura psicodinâmica do sujeito é orientada pela psicanálise. Foi através do seu podcast que pude compreender diversos conceitos e, em decorrência disso, passei a me interessar mais pela leitura de Freud e outros autores. Você fala da psicanálise de uma forma leve que até quem é leigo consegue entender".

A maior riqueza de tal comentário reside, a meu ver, não somente na possibilidade de as pessoas poderem compreender o sentido de conceitos complexos, mas também na centelha de interesse que se acende pela leitura e pela busca de conhecimento.

É muito triste perceber que diversos alunos desenvolvem aversão pela psicanálise por conta da didática e da ética de professores universitários, enveredando-se por abordagens que tendem a simplificar, cada vez mais, a complexidade da natureza humana.

Pois bem, voltando à questão da análise selvagem, Freud nos alerta que não é suficiente que o futuro analista conheça alguns dos resultados da psicanálise, assim como os seus pressupostos teóricos; ele precisa estar familiarizado com a sua técnica se quiser conduzir a prática terapêutica seguindo as perspectivas psicanalíticas.

Sob esse olhar, portanto, é imprescindível que o aluno de psicologia que queira trabalhar com a psicanálise passe, ele próprio, por um processo psicanalítico.

Nossa atividade não pode ser aprendida somente por meio de livros, seminários, vídeos do YouTube ou episódios de podcasts. É preciso sentir a análise na alma e assumir os seus efeitos de modo adjacente à nossa prática. Caso isso não ocorra, corremos o grande risco de observarmos um aumento significativo de análises selvagens.

Nesse aspecto, Sándor Ferenczi (1873-1933), analista húngaro e um dos mais brilhantes e originais discípulos de Freud – mencionado em vários de nossos episódios do *Psicanálise de boteco*, por sinal –, atribui um destaque especial à chamada "*segunda regra fundamental da psicanálise, isto é, que quem quer analisar os outros deve, em primeiro lugar, ser ele próprio analisado*".[19] Logo,

> Toda pessoa que foi analisada a fundo, que aprendeu a conhecer completamente e controlar suas inevitáveis fraquezas e particularidades de caráter, chegará necessariamente nas mesmas constatações objetivas, no decorrer do exame e do tratamento do mesmo objeto de investigação psíquica e, por via de consequência, adotará as mesmas medidas táticas e técnicas.[20]

É somente por meio de nossa análise que desvelamos as nossas inseguranças e assumimos, de forma legítima, as nossas potencialidades, sem a névoa da

---

[19] Ferenczi, S. (2011). Elasticidade da técnica psicanalítica. In: S. Ferenczi. *Psicanálise*: IV (Vol. 4, p. 31) (Coleção Obras completas). São Paulo: Martins Fontes (obra original publicada em 1928).

[20] *Ibidem*.

vaidade narcísica que nos impede de enxergar o que está além de nós mesmos. É com a nossa própria análise que apreendemos, na prática, a tópica, a dinâmica e a economia do aparelho psíquico, alçando transformações gradativas, oriundas do poder da escuta.

Ainda no que se refere às ressonâncias afetivas provocadas pelo excesso de frieza e distanciamento do analista, Ferenczi comenta que:

> Adquiri a convicção de que se trata, antes de tudo, de uma questão de *tato psicológico*, de saber quando e como se comunica alguma coisa ao analisando, quando se pode declarar que o material fornecido é suficiente para extrair dele certas conclusões; em que forma a comunicação deve ser, em cada caso, apresentada; como se pode reagir a uma reação inesperada ou desconcertante do paciente; quando se deve calar e aguardar outras associações; e em que momento o silêncio é uma tortura inútil para o paciente etc. [...] Mas o que é o tato? A resposta a esta pergunta não nos é difícil. O tato é a faculdade de "sentir com" [*Einfühlung*].[21]

Portanto, seguindo o fio traçado pelo pensamento ferencziano, a base da clínica psicanalítica deveria se dar levando-se em consideração o conceito de tato que, diga-se de passagem, já havia sido mencionado por Freud no artigo "Sobre psicanálise selvagem".

---

[21] *Ibidem*, grifo do autor.

Como alunos – e aqui posso dizer, em primeira pessoa, implicando-me diretamente – temos a impressão de saber tudo, à medida que realizamos escassas leituras ou adquirimos meia dúzia de experiências.

Gosto de utilizar uma metáfora, nesse sentido, para explicar tal presunção. Quando era pequeno, costumava achar que o quintal da minha casa era gigante. Nunca entendia as queixas do meu pai referente ao aperto e à falta de espaço, afinal, para mim, estava tudo perfeito. Eu podia correr, jogar bola e brincar com meus amigos, porque, na minha percepção, o quintal era o maior do mundo!

Com o tempo, fui crescendo e, aos poucos, me dei conta do quanto o meu pai estava certo. Cada vez mais sentia o nosso terreno apertado e o sonho de mudar para uma casa maior também passava a fazer mais sentido para mim.

Quando somos estudantes, é exatamente da mesma forma que o nosso psiquismo e as nossas percepções sensoriais e cognitivas funcionam. Achamos que o pouco que temos já nos é suficiente à nossa prática e, tomados de presunção, acabamos "metendo os pés pelas mãos" na sede de acertar com base em nossas parcas referências.

O problema é que a psicanálise é um universo particular, e, por conta disso, as pitadas de Freud, Klein, Winnicott ou Lacan que nos são apresentadas na faculdade são apenas uma estrela perdida equiparada à infinidade desse espaço sideral. Precisamos de humildade para reconhecer isso. Necessitamos de *modéstia* ao nos colocarmos diante do desconhecido que nos revela a clínica. Somente assim teremos vontade de buscar mais referências, encarar o custoso processo de análise pessoal e nos orientar pela ética de profissionais mais experientes.

> *Não se compreende música: ouve-se. Ouve então teu corpo inteiro.* Quando vieres a me ler perguntará por que não me restrinjo à pintura e às minhas exposições, já que escrevo tosco e sem ordem. É que agora sinto necessidade de palavras – e é novo para mim o que escrevo porque minha verdadeira palavra foi até agora intocada. *A palavra é a minha quarta dimensão.*[22]

Um encontro analítico é como escutar uma música. Não se compreende, apenas se ouve. Ouve-se o corpo inteiro, o nosso e do analisando. Clarice, assim como a maioria dos artistas, poetas e escritores, certamente sabia das coisas. Como a palavra é a nossa dimensão, para que possamos escutá-la em toda a sua complexa sutileza, não podemos estar blindados pela arrogância da certeza. Essa, talvez, seja a minha maior dica aos estudantes da área.

No que tange à interpretação psicanalítica, Freud, com o amadurecimento de suas ideias e a experiência adquirida por meio da clínica, começa a mudar de opinião e percebe que se trata muito mais *de uma construção em análise* do que uma interpretação pontual e

---

[22] Lispector, C. (2020). *Água viva* (p. 8 [grifo nosso]). Rio de Janeiro: Rocco.

certeira propriamente dita. Em um texto tardio, de 1937 – pouco lido e mencionado no campo psicanalítico –, o autor escreve:

> Se nas apresentações do trabalho analítico se ouve falar tão pouco em "construções", isso se deve ao fato de que, em vez disso, fala-se em "interpretações" [*Deutungen*] e seus efeitos. Mas penso ser "construção" o termo *infinitamente mais adequado*.[23]

A interpretação, no entanto, vai recebendo outros enfoques e olhares com o amadurecimento da teoria psicanalítica. E será o próprio Freud que vai tecer considerações importantes acerca do tema – como vimos no recorte. Para o nosso autor, o caminho que começa com a construção do analista deveria terminar com a recordação do paciente, porém nem sempre ele vai tão longe.

Inúmeras vezes não conseguimos levar o paciente à lembrança efetiva do conteúdo recalcado. Logo, a história contada no presente, ou seja, no aqui e agora do encontro analítico, começa a ganhar nuances diferenciadas, pois o tempo cronológico deixa de existir e o discurso do inconsciente passa a ser atravessado pelas ressonâncias do passado, com projeções e expectativas, inclusive de futuro.

---

[23] Freud, S. (2017). Construções na análise. In: S. Freud. *Fundamentos da clínica psicanalítica* (Vol. 6, p. 370 [grifo nosso]) (C. Dornbusch, Trad., Coleção Obras incompletas de Sigmund Freud). Belo Horizonte: Autêntica (obra original publicada em 1937).

Tal fenômeno equivale a um sonho. Uma espécie de *sonhar compartilhado*.[24] Com efeito, tudo aquilo que estava confuso e embaraçado começa a ganhar sentido para o analisando, por meio da *sustentação* e da *continência* do analista, o qual tende a suportar os estados insuportáveis de angústia, traduzindo para o *campo simbólico* aquilo que se mantém incompreensível. "Analista e paciente se envolvem emocionalmente um com o outro e essa turbulência faz parte das relações humanas".[25] Consiste nesse aspecto uma das maiores riquezas do encontro analítico.

Entretanto, à medida que a psicanálise foi crescendo e ganhando um destino próprio e promissor, cada autora e autor pós-freudiano elaborou sua rede particular de conceitos e intervenções clínicas. Melanie Klein (1882-1960), por exemplo, ficou conhecida por suas interpretações viscerais relacionadas, principalmente, aos primórdios da vida psíquica – mais precisamente sobre o conteúdo inicial da relação mãe-bebê.

Além disso, a teoria kleiniana nos apresenta um novo entendimento de psiquismo. A autora defende uma concepção psíquica dinâmica, que oscila entre as posições *esquizoparanoide* e *depressiva*,[26] tendo cada uma delas

---

[24] Ogden, T. H. (2010). *Esta arte da psicanálise*: sonhando sonhos não sonhados e gritos interrompidos (pp. 17-38). Porto Alegre: Artmed (obra original publicada em 2005).

[25] Cassorla, R. M. S. (2016). *O psicanalista, o teatro dos sonhos e a clínica do enactment* (p. 23). São Paulo: Blucher.

[26] Para o leitor interessado, recomendamos a série do nosso podcast chamada "Café com Klein", que teve como objetivo explorar cada aspecto central do pensamento da autora.

um leque diversificado de mecanismos de defesa – com isso, abre diversas possibilidades para compreendermos as diferentes formas de subjetivação e sofrimento.

Contudo, discordo de muitos autores que afirmam que Klein interpretava o conteúdo de seus pacientes de maneira precoce, voraz e até mesmo aleatória. De modo oposto, penso que as interpretações descritas em seus ensaios servem para fundamentar as bases de seu corpo teórico desenvolvido, essencialmente, com base em sua prática clínica.

Quando mergulhamos a fundo em seus escritos e outros documentos biográficos a seu respeito, percebemos o quanto ela era cuidadosa com os pacientes, procurando sempre estabelecer um vínculo de *confiança* antes de lançar quaisquer interpretações supostamente "tiradas da cartola" – como assinalam, pretensiosamente, os críticos de seu pensamento.[27]

Permanecendo ainda em "solo inglês",[28] é impossível não pensar nas modificações da técnica e do manejo (*management*) feitas por D. W. Winnicott (1896-1971), levando em consideração a *necessidade* de cada paciente.

O pediatra e psicanalista britânico inaugura a modalidade de "consultas terapêuticas" no campo analítico, desenvolvendo uma série de atendimentos *sob*

---

[27] Nesse sentido, recomendo a leitura do meu livro: Almeida, A. P. de. (2018). *Psicanálise e educação escolar*: contribuições de Melanie Klein. São Paulo: Zagodoni.

[28] Estou aludindo aqui à Escola Inglesa de Psicanálise, da qual fazia parte a própria Melanie Klein, que, apesar de austríaca, viveu grande parte de sua vida na Inglaterra, onde desenvolveu seu trabalho – desde 1926 até o ano de sua morte, 1960.

demanda – o famoso "caso Piggle[29]", aliás, pode ser referenciado como um exemplo dessa prática. Além disso, Winnicott também estendia a duração das sessões de alguns pacientes que se encontravam em condição de extrema vulnerabilidade emocional e psíquica.

É importante ressaltar, no entanto, que para compreender a totalidade do pensamento winnicottiano é necessário conhecer minimamente a imensidão oceânica de sua teoria do *desenvolvimento maturacional*.[30] Para o autor, apesar de termos tendência inata à integração desde os primórdios da vida, somos completamente dependentes de ambientes suficientemente adequados para que ela possa acontecer "aos trancos e barrancos", pois uma integração permanente e definitiva nunca existirá.

Desse modo, falhas e intrusões que acontecem nesse começo implicam rupturas no tecido psicossomático que compõe a nossa existência. Por meio da confiabilidade do *setting* terapêutico, o paciente traumatizado poderá, então, regredir e ter acesso ao momento em

---

[29] "Piggle" era o apelido de Gabrielle, uma menininha que iniciou sua análise com Winnicott, por volta dos seus 2 anos e 5 meses de idade, em decorrência de um estado de depressão patológica que surgiu após o nascimento da irmã mais nova. O pediatra inglês atendeu a criança durante catorze sessões e terminou o tratamento quando ela estava com 5 anos. O processo foi realizado *sob demanda*, pois a criança morava a uma distância considerável de Londres (onde ele atendia). Todos os encontros foram reunidos no livro *The Piggle: relato do tratamento psicanalítico de uma menina* (Rio de Janeiro: Imago, 1987).

[30] Ao leitor interessado, recomendo o livro de Elsa Oliveira Dias: Dias, E. O. (2003). *A teoria do amadurecimento de D. W. Winnicott*. Rio de Janeiro: Imago.

que houve a falha ambiental primária, retomando o rumo de seu desenvolvimento em *primeira pessoa*, na companhia do analista.

É como se o indivíduo pudesse *descongelar* estágios que ficaram *congelados* devido a alguma intercorrência ambiental, imposta de fora para dentro. "Ou seja, quando há falhas na estruturação da personalidade, toda a importância do tratamento reside no *manejo da situação clínica*".[31]

Cruzando o oceano e chegando à França de Jacques Lacan (1901-1981), temos um modelo de clínica bastante diferenciado dos anteriormente mencionados. Lacan não trabalhava com muitas interpretações, tampouco desenvolveu uma teoria do amadurecimento. O sujeito, para ele, é fruto da linguagem, na qual o inconsciente se estrutura. Mas linguagem não significa um conceito fechado, e, sim, um conjunto de diferenças em que falta um significante, justamente o significante de todo o unário.

O grande Outro caprichoso, sedutor, amante, erótico, ansioso, disciplinado, rígido etc. – marcas da função materna – deixa uma série de resíduos (fragmentos metonímicos) no sujeito, assim como nos dirá Lacan: "[...] *o momento em que o desejo se humaniza é também aquele em a criança nasce para a linguagem*".[32]

---

[31] Dias, E. O. (2014). *Interpretação e manejo na clínica winnicottiana* (p. 126). São Paulo: DWW Editorial.

[32] Lacan, J. (1998). Função e campo da fala e da linguagem em psicanálise. In: J. Lacan. *Escritos* (p. 320). Rio de Janeiro: Zahar (obra original publicada em 1953).

Nesse sentido, tentando não falar em "lacanês", mas inevitavelmente já falando, podemos presumir que o inconsciente se estrutura pelo discurso do Outro, ou seja, a construção do sujeito se dá pela *exterioridade*; pela marca originária que ocorre pelo *banho de significantes* no qual já nascemos inseridos – que se manifesta, sobretudo, pelo discurso de nossos pais: "esse bebê será um grande profissional, será bonito, trabalhará com tal coisa, terá tantos filhos etc.".

Tal construção também pode ocorrer pela *organização da imagem própria* – ainda que de forma especulativa e imaginária –, assinalando o surgimento do Eu –, o que Lacan nomeou de *estádio do espelho*. Não havendo resposta em si mesmo, é no Outro que o sujeito encontra seu desejo, do outro se marcam as constelações significantes que edificam o nosso legado, a nossa trajetória – uma *exterioridade íntima*, paradoxalmente falando.

Assim, a ideia lacaniana não é dar condições para o fortalecimento do sujeito, mas para o reconhecimento de sua condição de falta e, por conseguinte, de alteridade. Pode-se dizer que o sujeito destituído se reconstitui a partir do seu sintoma, o que Lacan chama de identificação com o sintoma (em oposição à identificação com o Eu do analista).

Trata-se de um saber o que fazer com o sintoma: chegar a um Eu que não seja somente um mero semblante. *Grosso modo*, o analista lacaniano pouco se utiliza do recurso de interpretações longas e elaboradas; pelo contrário, reflete o discurso do analisando, lança-o na *falta*, nos ecos de sua voz, com a intenção de soltá-lo das amarras do Outro – embora saibamos que os restos dessa marca sempre permanecerão.

A análise lacaniana busca, portanto, o encontro de nosso *próprio desejo* e, nesse sentido, o custo necessário para bancá-lo – caso o analisando assim o queira.

Bom, eu compreendo, com toda a compaixão do mundo, que depois dessa avalanche de informações o leitor deve estar apreensivo com aquela sensação de não ter entendido nada. Mas mantenha a calma. A psicanálise é assim mesmo: *no começo parece difícil e no final parece que estamos no começo*. Brincadeira!

Falando sério agora. A dica primorosa é: *não se prenda a entender tudo*; linha por linha, parte por parte, conceito por conceito. A psicanálise é como o processo digestivo. Você precisa ler e ir, aos poucos, digerindo os conteúdos e os insights que tal leitura promove.

A primeira vez que li um texto de Freud achei que eu fosse o cara mais burro do mundo – não que muita coisa tenha mudado hoje, obviamente, mas posso dizer que estou em uma versão melhor de mim mesmo (pelo menos é o que a minha analista me fala). Portanto, não se deixe guiar pela ansiedade e pela sede do conhecimento. Isso empaca as possibilidades e preenche o vazio necessário à condição do saber. Fiquemos, pois, com um poema para aliviar as coisas:

> A vida na hora.
> Cena sem ensaio.
> Corpo sem medida.
> Cabeça sem reflexão.

Não sei o papel que desempenho.
Só sei que é meu, impermutável.

De que trata a peça
devo adivinhar já em cena.[33]

Palavras finais que implicam um novo começo

Pois bem, citei anteriormente apenas alguns exemplos das *ramificações* que surgiram na teoria e na clínica psicanalítica a partir do *tronco freudiano*. Nesse sentido, o leitor que nos lê, aspirante a psicólogo ou psicanalista, poderá perceber a enrascada em que se colocou – ou está se colocando. O fato é que a nossa disciplina é extensa, complexa, intrincada e, sobretudo, exige de quem se dedica a praticá-la uma efetiva *experiência pessoal* – que ocorrerá por meio do próprio processo de análise.

Não nos esqueçamos também de que uma boa psicanálise deve ser interdisciplinar e atrelada à cultura e ao contexto social de seu tempo. Aqui, é indispensável ao profissional da área um vasto conhecimento dos mais diversos campos do saber – como a política, as artes, a filosofia, as religiões, a antropologia, a neurociência, a história etc.

Retomando o texto de Freud "Deve-se ensinar a psicanálise nas universidades?", gostaria de citá-lo pela última vez:

---

[33] Trechos do poema "A vida na hora". Szymborska, W. (2011). *Poemas* (p. 63). São Paulo: Companhia das Letras.

> Em suma, podemos dizer que uma universidade só teria a ganhar com a inclusão do ensino da psicanálise em seu currículo. É verdade que este ensino somente poderia ser ministrado de forma dogmática, em aulas teóricas, pois quase não haveria oportunidade para experimentos ou demonstrações práticas. [...] Por fim, cabe considerar a objeção de que dessa forma o estudante de medicina jamais aprenderá realmente a psicanálise. Isso é verdadeiro se pensamos no efetivo exercício da psicanálise, mas para os propósitos em vista é suficiente que ele aprenda algo *sobre* e *com* a psicanálise.[34]

A partir dessa última parte do ensaio freudiano, pretendo tecer duas breves considerações finais.

A primeira diz respeito ao fato de que muitos alunos ingressam no curso de psicologia na expectativa de *se compreender melhor*. Nada mais ingênuo, pois o curso, além de ser longo, caro e complicado, em nada ajudará o sujeito a entender a si mesmo. Trata-se, portanto, da mesma analogia utilizada por Freud, citada anteriormente neste capítulo: *explicar a teoria aos pacientes seria a mesma coisa que entregar cardápio aos famintos.*

---

[34] Freud, S. (2010). Deve-se ensinar a psicanálise nas universidades? In: S. Freud. *Obras completas*: história de uma neurose infantil ("O homem dos lobos"), além do princípio do prazer e outros textos (1917-1920) (Vol. 14, p. 381 [grifo do autor]) (P. C. de Souza, Trad.). São Paulo: Companhia das Letras (obra original publicada em 1919).

Essa história de fazer psicologia para se entender é uma grande falácia que precisa "cair por terra". Mesmo porque, ao fim da graduação, você receberá um diploma e, com ele, poderá tirar a sua carteirinha com o número de registro no Conselho Regional de Psicologia (CRP), estando assim, digamos, *autorizado(a)* a atender outras pessoas, prestando-se a ouvi-las em sua totalidade de sofrimentos.

Diante disso, consegue entender o quão egoísta soa a pretensão do autoconhecimento obtido à custa da graduação? Não é justo, portanto, que o profissional que pretenda seguir carreira na clínica não passe, ele próprio, por um processo terapêutico (seja psicanalítico, seja de qualquer outra abordagem). Não se deve, jamais, delegar esse trabalho (e responsabilidade) exclusivamente ao curso universitário.

A segunda consideração se dirige ao campo da psicanálise propriamente dita. O que precisamos ter em mente e esclarecer de uma vez por todas é o fato de que o curso de graduação em psicologia *não forma psicanalistas*! Tampouco é preciso ser psicólogo para exercer a psicanálise – ao menos em território brasileiro. Assim, podemos compreender o percurso psicanalítico como algo contínuo e permanente.

Um analista precisa se atualizar com frequência; participar de grupos de estudos e de supervisão clínica; atividades científicas, como colóquios e congressos; ler uma infinidade de textos e autores; entre outros inúmeros atributos. Dois, três ou quatro semestres de *teoria psicanalítica* na universidade não asseguram a complexidade e as vicissitudes de nossa ética clínica, embora possam ser a válvula propulsora de interesse por esse conhecimento em específico.

Parafraseando Freud, penso que um curso – principalmente de humanidades ou da área médica – só tem a ganhar com a inclusão da psicanálise em seu currículo. No entanto, essa seria apenas a porta de entrada para um universo à parte, que está longe de ter um fim demarcado.

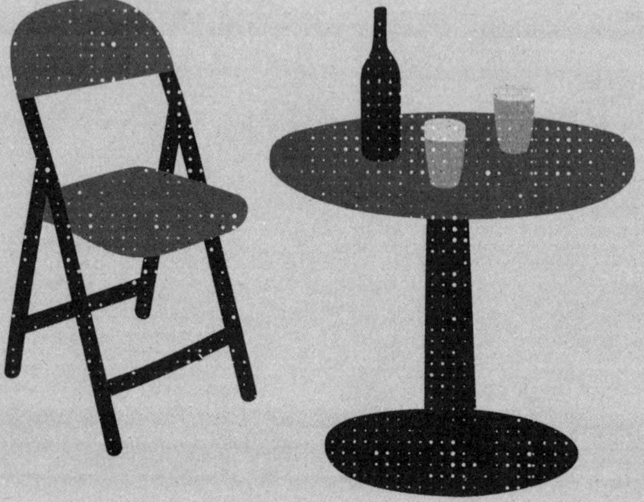

Capítulo 2

Configurações do narcisismo

Por trás do narcisismo: bastidores históricos do ressentimento

Mais uma vez, é um personagem da mitologia greco-latina que serve de ponto de apoio para a definição de uma das mais terríveis patologias humanas: *a de amar a si próprio a ponto de se odiar e soçobrar na destruição absoluta*. É a Ovídio que devemos a melhor versão desse mito (Metamorfoses, livro III). Nascido do estupro da ninfa Liríope pelo deus-rio Cefiso, Narciso se apaixona por outra ninfa, Eco, que é incapaz de exprimir seu amor: castigada por Hera, ela só sabe repetir a última sílaba das palavras que ouve. Assim, ela quer tocá-lo, o que ele não suporta, e ela morre em função disso. *Face a essa tragédia, Narciso julga-se indigno de amar e ser amado*, sem saber que a deusa Nêmesis, protetora de Eco, decidiu vingar a ninfa, precipitando o amante culpado na contemplação mortífera de seu ser. Um dia, para aplacar a sede, Narciso se debruça sobre a água de uma fonte e percebe seu rosto, de uma excepcional beleza. À sua revelia, começa a desejar a si mesmo, tornando-se ao mesmo tempo seu próprio amante e seu único objeto de amor, o que lhe impede toda forma de intercurso sexual. Ele definha e se suicida. Será transformado numa flor tóxica.[1]

O que nos guiará neste capítulo certamente será o estudo minucioso do clássico texto freudiano

---

[1] Roudinesco, E. (2019). *Dicionário amoroso da psicanálise* (p. 228 [grifo nosso]). Rio de Janeiro: Zahar.

"Introdução ao narcisismo" (1914). Pretendo selecionar algumas das principais ideias desse ensaio, compartilhando explicações da forma mais didática possível, sob o meu ponto de vista, acerca de tal conceito crucial à teoria psicanalítica como um todo – tão difundido na contemporaneidade, embora de modo bastante confuso e até equivocado, caindo numa espécie de *banalização*.

Antes de partirmos para as elucidações teóricas, gostaria de apresentar um breve resumo do contexto histórico em que se situava a psicanálise e o mundo exatamente quando Freud redigia o seu ensaio sobre o narcisismo. Então, iniciemos com as fofocas dos bastidores – *até porque eu sei que vocês adoram!*

Em 1913, Freud publica o polêmico *Totem e tabu*, "um livro político de inspiração kantiana e um manifesto contra a psicologia dos povos",[2] fortemente estimada por Jung. Elisabeth Roudinesco, inclusive, sugere a hipótese de que o texto foi fruto de intensas discussões sobre a mistura das raças e etnias, ocorridas na viagem norte-americana que Freud fizera em 1909, proferindo as famosas "Cinco lições de psicanálise" na Clark University, acompanhado de Ferenczi e... Jung!

Bom, como todo casamento tem o seu período de desgaste, não foi diferente com Freud e Jung, que não compartilhavam nenhuma ideia em comum no que tange a esse tema, e *Totem e tabu* era a prova real disso.

---

[2] Roudinesco, E. (2016). *Sigmund Freud na sua época e em nosso tempo* (p. 196). Rio de Janeiro: Zahar.

Esse artigo terminava "propondo uma teoria do poder democrático centrada em três necessidades: *necessidade de um ato fundador, necessidade da lei* e *necessidade da renúncia ao despotismo*".[3] Contudo, *Totem e tabu* não foi recebido pelos intelectuais da época como um livro político, e, sim, como uma contribuição consistente, embora muito questionada, da psicanálise à antropologia. Não despertou a comoção esperada, suscitando uma série de críticas, claramente justificadas, aliás.[4]

A meu ver, esse texto representa uma *grande viagem* do pensamento freudiano, com alguns sentidos aqui e ali, apesar de outros completamente desconexos. Nele são abordados diversos temas de distintas correntes teóricas, desde a psicologia social do Pai da Psicologia Experimental, Wilhelm Wundt, até a teoria da evolução de Charles Darwin.

Relatos etnográficos da época combinam-se com suposições consideradas fantasiosas por muitos cientistas. "Com efeito, não só Freud permanecia ligado aos princípios do evolucionismo de que a etnologia do início do século estava em vias de se emancipar, como, além disso, pretendia reinar sobre um domínio do qual não conhecia sem levar em conta os trabalhos contemporâneos".[5]

Todas essas controvérsias, alimentadas por uma grandiosa *vaidade narcísica* – vejam que irônico (!) –,

---

[3] *Ibidem*, p. 197, grifo nosso.

[4] Ver Koltai, C. (2015). *Totem e tabu*: um mito freudiano (Coleção Para ler Freud). Rio de Janeiro: Civilização Brasileira.

[5] *Ibidem*.

fizeram a relação de Freud e Jung "azedar", culminando em sua separação definitiva. Anos após a viagem pelo continente norte-americano, uma vez consumada a ruptura, "Jung foi vítima de alucinações, temendo perder-se nos abismos da memória a ponto de esquecer que morava em Küsnacht e tinha mulher e filhos".[6]

Perdera não apenas um mestre mas também um amigo, um cúmplice e um confidente. De ambos os lados, o rompimento fora de extrema violência, provocando profundos ressentimentos. Ao lado de Emma – sua esposa que quase se divorciara dele por conta dos impactos da relação extraconjugal com Sabina Spielrein[7] –, Jung criou uma escola de psicoterapia, a *psicologia analítica*, partindo para a exploração das *imagos*, depois dos *arquétipos* e, posteriormente, cercando-se de discípulos e admiradores. "Nunca mais reviu Freud, porém, como ele, não cessou de repensar, ao longo da vida, *no que os havia unido e depois separado*".[8]

Como era comum em todos os anos, em setembro de 1913 Freud viajou para Roma, invadido pela tristeza e convencido de que a incomparável beleza da cidade lhe era cada vez mais necessária, podendo servir como uma forma de intervenção curativa às suas mágoas.

Assim que Freud regressa de sua viagem terapêutica, Jones – que assumira o lugar de Jung – decide criar

---

[6] *Ibidem*, p. 198.

[7] Ver Cromberg, R. U. (Org.). (2021). *Sabina Spielrein*: uma pioneira da psicanálise (Vols. 1-2). São Paulo: Blucher. Recomendo ao leitor veemente a leitura dessas obras preciosas.

[8] *Ibidem*, grifo nosso.

o *Ring* (Comitê Secreto), agraciando cada um dos participantes com um anel, que representava uma *aliança simbólica* e consistia em assegurar a *fidelidade eterna* às ideias do mestre.

Faziam parte desse círculo íntimo: Karl Abraham, Hanns Sachs, Otto Rank e Sándor Ferenczi. O empresário húngaro e patrocinador da psicanálise, Anton von Freund, associou-se ao clube[9] até a sua morte, em 1920, e Max Eitingon juntou-se ao grupo em 1919. Vejamos mais detalhes dessa excêntrica e instigante história, contada pelas palavras da própria Roudinesco:

> Inspirado no modelo das sociedades secretas do século XIX, o Ring foi então concebido como uma assembleia de cavaleiros da Távola Redonda: igualdade entre os membros, soberania partilhada com o mestre, que não podia decidir nada sem eles. Mas a iniciativa era também uma maneira de reatar com os princípios da medicina hipocrática: desenvolver escolas fundadas na relação entre um mestre e um discípulo. Eixo horizontal de um lado, eixo vertical de outro: Freud retomará essa teorização do poder em 1921 em "Psicologia das massas e análise do Eu".

---
[9] É no mínimo interessante pensar que em algumas sociedades psicanalíticas esse modelo de clube fechado ainda continua presente e funcionando a todo vapor, faltando apenas o anel para ficar ainda mais caricato. Tais institutos só aceitam como membros aqueles indivíduos por quem nutrem profunda simpatia; apenas publicam trabalhos científicos produzidos por integrantes de sua comunidade; divulgam livros e ideias somente de seus filiados; e por aí vai...

> *Para selar a aliança com seus novos paladinos, deu a cada um deles um entalhe grego de sua coleção, que eles mandaram engastar em anéis de ouro. Sempre imbuído do ideal olímpico, coube-lhe o que representava Zeus.*[10]

Em 28 de julho de 1914, a Primeira Guerra Mundial (1914-1918)[11] do século XX eclode nos ares, no fundo dos oceanos, na terra e nas trincheiras devastadas por gases tóxicos, cobertas de corpos destroçados – características que a fizeram ser considerada por muitos historiadores como a guerra *mais sangrenta da história*. Em nada a magnitude desse evento catastrófico tinha a ver com as guerras dos séculos passados, "quando se enfrentavam à luz do dia exércitos em uniformes multicores, com clarins, combates violentos com armas brancas e cantos medievais de vitória e de morte".[12]

> Em 9 de novembro de 1914, Freud comunicou a Ferenczi que a voz da psicanálise deixara de ser audível no mundo depois que o trovão dos canhões reverberara. Como no romance de Tolstói, o tempo da guerra sucedia ao da paz, os corpos dilacerados à palavra, o ódio ao diálogo.[13]

---

[10] *Ibidem*, p. 200, grifo nosso.

[11] Para ter uma dimensão do caos que representou esse período, recomendo ao leitor interessado os filmes: *1917*, de Thomas Newman (2020); *Feliz Natal*, de Christian Carion (2005); *Cavalo de guerra*, de Steven Spielberg (2011); *A batalha de Passchendaele*, de Paul Gross (2008).

[12] *Ibidem*, p. 204.

[13] *Ibidem*, p. 201.

De modo análogo, a guerra deslocou para outro cenário os conflitos internos à psicanálise, compelindo simultaneamente os freudianos a desistir de congressos, encontros, atividades, ao passo que também suspendiam sua correspondência e produções editoriais.

Em suma, obrigava-os a se interessar por outra coisa que não os seus trabalhos científicos ou contra os "zuriquenses" – o pessoal da escola de Zurique, presidida pelo próprio Jung –, os quais, aliás, não participavam do combate com as outras nações. Vale lembrar que a Suíça, a Espanha, a Holanda e os países escandinavos não entraram em nenhum conflito promovido pela guerra.

Enquanto isso, isolado em Viena entre os confins da própria intimidade, Freud temia diariamente que os três filhos e o genro – Martin, Oliver, Ernst e Max Halberstadt, respectivamente – fossem mobilizados ou alistados na artilharia da guerra, tornando-se vítimas daquela carnificina desenfreada.

No entanto, apenas Hermann Graf, seu sobrinho, filho único de sua irmã Rosa, nunca mais retornou para casa. "Foi morto na frente da batalha italiana em julho de 1917".[14] Assim como Rudolf Halberstadt, irmão de seu genro Max.

Outra questão que merece destaque é o fato de que, desde os primórdios da Primeira Guerra, Freud tinha um pensamento bastante pessimista acerca dos

---

[14] *Ibidem*, p. 204.

rumos dessa calamidade, declarando a certeza iminente da vitória alemã. Ele afirmava que a guerra seria longa e mortífera, virando do avesso o mundo em que ele vivia. Numa carta enviada a Lou Andreas-Salomé, em novembro de 1914, ele escreve:

> Não duvido que a humanidade possa se recuperar dessa guerra, mas sei com certeza que eu e meus contemporâneos não veremos mais o mundo de forma risonha e alegre. Ele é assombroso. O mais triste nisso tudo é que ele é exatamente tal como deveríamos ter representado os homens e seus comportamentos segundo as experiências instigadas pela psicanálise. Foi por conta dessa posição a respeito dos homens que nunca pude me colocar em sintonia com o seu bem-aventurado otimismo. Concluí, no recôndito de minha alma, que, uma vez que vemos a cultura mais elevada de nosso tempo tão horrivelmente aviltada pela hipocrisia, é porque organicamente não éramos feitos para essa cultura.[15]

Por meio de todo esse cenário histórico, podemos perceber que Freud tinha a convicção de que sua teoria revelava os aspectos mais obscuros da humanidade, na medida em que se orientava pelos acontecimentos com a intenção de confirmar a maior parte de suas hipóteses.

---

[15] Andreas-Salomé, L. (1970). *Correspondance avec Sigmund Freud, seguido de Journal d'une année*, 1912-1913 (1966) (p. 29). Paris: Gallimard. Carta de 25 de novembro de 1914. A tradução é minha.

O período da guerra e o isolamento obrigatório por qual Freud teve de passar, assim como os impactos afetivos de seu rompimento com Jung, podem ser uma boa explicação para que ele tenha se fechado em seu *mundo interno*, ao redigir um ensaio consistente sobre o narcisismo e relacionar tais ideias com a ascensão destrutiva e egocêntrica do mundo.

É interessante que, enquanto escrevia esses recortes do passado freudiano, fui arremessado, inevitavelmente, ao tempo presente. Hoje, em pleno ano de 2022, estamos enfrentando uma guerra monstruosa entre a Ucrânia e a Rússia, sem contar o cenário apocalíptico que já se estende por anos na Síria e em outros países da África e do Oriente Médio – tragédias eventualmente "esquecidas" pela grande imprensa e que nos geram a ligeira impressão de que *algumas vidas importam mais do que outras*.

Em concomitância às guerras, observamos uma quantidade imensurável de pessoas refugiadas que encontram seu destino em um horizonte marcado por condições desumanas de vulnerabilidade e desamparo. Tudo isso somado às mazelas de uma pandemia que já ceifou milhões de vidas ao redor do mundo.

Portanto, diante das atuais circunstâncias, não há muitos argumentos plausíveis contra o pessimismo presente nas ideias de Freud. Apenas nos resta sofrer na pele e no psiquismo as marcas indeléveis deixadas por esse contexto desolador.

Assim, como pensar nas provocações feitas pelo nosso autor em seu artigo "Introdução ao narcisismo", costurando suas hipóteses com a contemporaneidade? É o que tentarei fazer a seguir.

Introdução ao narcisismo: buscando uma explicação didática e atual

Com a publicação de seu artigo sobre o narcisismo – ampliado, posteriormente, pelas teses mais bem definidas em "Luto e melancolia" (1917) –, Freud propôs uma reviravolta em sua teoria. Para tanto, baseou-se, sobretudo, nas ideias de Karl Abraham a respeito das psicoses, produzindo uma alternativa para a libido *dessexualizada* de Jung.

Nesse ensaio, Freud demonstra que não estava mais satisfeito em se referir à libido somente como uma *manifestação da pulsão sexual* – erótica – dirigida aos objetos. Tal insatisfação o levou a apresentar a hipótese de que ela podia *voltar-se ao próprio Eu*, quando descolada do alvo em questão.

Com efeito, deduziu a existência simultânea, no psiquismo, de um conflito entre a *libido do Eu* e a *libido do objeto*; ou seja, entre o *narcisismo primário*, estado que dá origem à vida, e o *narcisismo secundário*, evoluindo para um retraimento dos investimentos objetais – retornando ao Eu em potência máxima.

Com essa nova formulação, Freud abria passagem para uma reflexão sobre a "origem dos distúrbios, que ia muito além da maneira como pensara até ali a gênese do conflito neurótico".[16]

Desse momento em diante, o sujeito não era apenas atravessado pela epopeia de Édipo mas também por Narciso, responsável por contemplar sua imagem até definhar em um destino mortal. Assim, o indivíduo do novo século era habitado pelo desejo profundo e permanente de se destruir e, simultaneamente, de *destruir o outro* – sobretudo quando este denuncia um traço que assinala a diferença do próprio sujeito. Expandimos, portanto, a dimensão do funcionamento psíquico e, por conseguinte, dos estados de sofrimento.

Pois bem, o termo narcisismo surgiu pela primeira vez na obra de Freud, numa nota acrescentada em 1910 aos "Três ensaios sobre a teoria da sexualidade infantil" (1905), ao falar dos "invertidos" – ainda sem utilizar a palavra "homossexual".

Freud escreveu que eles "tomam a si mesmos como objetos sexuais" – o que nos soa demasiadamente *heteronormativo*, diga-se de passagem, apesar de Freud, depois de alguns anos, alterar o seu ponto de vista, com a escrita, em 1935, da "Carta sobre homossexualidade".[17]

Em 1910, em seu artigo "Uma lembrança de infância de Leonardo da Vinci", e em 1911, no estudo sobre o

---

[16] Roudinesco, E. (2016). *Sigmund Freud*: na sua época e em nosso tempo (p. 201). Rio de Janeiro: Zahar.

[17] Ver Iannini, G. (Org.) (2019). *Caro Dr. Freud*: respostas do século XXI a uma carta sobre homossexualidade. Belo Horizonte: Autêntica.

caso Schreber,[18] Freud considerou o narcisismo um *estádio normal da evolução sexual* – demonstrando que suas ideias já estavam em contínua movimentação.[19]

Prosseguindo, Freud já nos lança um dos impasses encontrados frequentemente na clínica com neuróticos; trata-se aqui do *comportamento narcísico* apresentado por alguns pacientes, tornando-se um dos principais limites de sua suscetibilidade à influência.

Almejando fundamentar suas teses de modo mais preciso e consistente, Freud recorre à nosografia psiquiátrica de sua época, valendo-se do conceito de demência precoce (criado por Kraepelin) ou esquizofrenia (definido por Bleuler). Essa estrutura psicopatológica possui como característica central o fato de o sujeito *não estabelecer relações objetais*, criando um mundo onipotente que o isola completamente da realidade externa.

Logo, a libido que poderia ser direcionada a outros destinos *fica concentrada no Eu* desses indivíduos – Freud, inclusive, cita como exemplo a megalomania e o delírio de grandeza presentes no discurso psicótico. Diante disso, ele percebeu uma oposição entre a libido

---

[18] O caso Schreber é um importante estudo de Freud, publicado em 1911. Nesse material, o pai da psicanálise realiza uma leitura psicanalítica do livro "Memórias de um doente dos nervos", de 1903, escrito pelo jurista Daniel Paul Schreber que, por sinal, Freud nunca conheceu. Entretanto, é justamente nesse artigo que o mestre de Viena vai criar suas hipóteses fundamentais acerca da psicose.

[19] Roudinesco, E. & Plon, M. (1998). *Dicionário de psicanálise* (pp. 530-533, vocábulo narcisismo). Rio de Janeiro: Zahar.

do Eu e a libido do objeto. "Quanto mais se emprega uma, mais empobrece a outra".[20]

Ora, nada mais concreto para comprovar tais suposições freudianas do que o fenômeno do apaixonamento. Quando nos apaixonamos por alguém, é bastante comum idealizarmos essa figura, colocando-a como perfeita, inatingível e completa, na mesma proporção em que tendemos a *desvalorizar* o nosso Eu, renunciando aos nossos gostos pessoais que compõem a nossa essência e edificam a nossa autoestima. É como uma equação matemática: *quanto mais invisto no outro, menos sobra para mim*, entende?

Se não existir equilíbrio de investimento libidinal, no fim das contas o pobre indivíduo apaixonado ficará apenas com as migalhas do seu Eu esfarrapado. Ah, e não adianta ninguém de fora avisar, pois, quando estamos apaixonados, é como se nos fechássemos aos objetos externos. O foco de nossas pulsões concentra-se somente em um único objeto: *o alvo da paixão*. Em outras palavras: *estamos completamente lascados*. Aliás, como já nos dizia o poeta:

> *Morrestes achando que amava.*
> *Matastes pensando que era amor.*
> *Dominado pelo egoísmo da paixão,*
> *nos fez ver que não te conhecíamos como deveríamos*

---

[20] Freud, S. (2010). Introdução ao narcisismo. In: S. Freud. *Obras completas*: introdução ao narcisismo, ensaios de metapsicologia e outros textos (Vol. 12, p. 17) (P. C. de Souza, Trad.). São Paulo: Companhia das Letras (obra original publicada em 1914).

> *e, por tua atitude, demonstrou que não conhecias o amor.*
> *Descansem em paz.*
>
> (William Shakespeare)

A seguir, trago duas questões discutidas por Freud: que relação há entre o narcisismo e o autoerotismo,[21] descrito como um estágio inicial da libido? Nesse sentido, se admitimos para o Eu um investimento primário libidinal, por que é necessário separar uma libido sexual de uma energia não sexual dos instintos do Eu?

Assim, postular uma única energia psíquica não pouparia todas as dificuldades da separação entre energia da libido do Eu e libido do objeto? No que tange à primeira questão, o autor destaca o seguinte: é necessário supor que não existe, desde o começo da vida, uma unidade comparável ao Eu; *este tem que ser desenvolvido*. "Mas os instintos autoeróticos são primordiais; então deve haver algo que se acrescenta ao autoerotismo, uma nova ação psíquica, para que se forme o narcisismo".[22]

Nesse campo, Freud recorre, com muito tato, a um de seus recursos mais utilizados para explicar o funcionamento psíquico: *a teoria especulativa*. E não se trata de qualquer especulação, mas de algo que se forma e ganha corpo com a *observação clínica* – sempre soberana.

---

[21] Desde *Três ensaios sobre a teoria da sexualidade infantil* (1905), Freud nos apresenta a noção de um autoerotismo presente nos primórdios da vida, ou seja, o bebê encontra satisfação pulsional no próprio corpo – sugando a língua quando o seio não vem; retendo e soltando as fezes; chupando o dedo etc.

[22] *Ibidem*, p. 19.

Freud compara seu método ao mesmo utilizado pela física, que, exatamente por não lidar com elementos concretos, precisa se valer da especulação para nomear a maioria dos fenômenos investigados.

No entanto, buscando se aproximar do conhecimento do narcisismo e seus impactos no psiquismo, o nosso autor se debruçará sobre três vias essenciais: a consideração da *doença orgânica*, a *hipocondria* e a *vida amorosa dos sexos*.[23] Exploraremos cada um desses aspectos no item que se segue.

Os três pilares que sustentam o conceito de narcisismo

Baseando-se numa sugestão verbal de Sándor Ferenczi – que apresentou a *influência da enfermidade orgânica* sobre a distribuição da libido –, Freud dirá que é comum a alguém que sofre de dor física ou mal-estar abandonar o interesse pelas atividades do mundo externo.

Uma análise mais profunda dessa situação também nos mostra que o doente desvia o investimento libidinal de seus objetos amorosos, ou seja, ele *cessa de amar enquanto sofre*. Nesse sentido, diríamos que a libido desse indivíduo se volta para o Eu, enviando-a novamente para fora depois de se curar.

Por exemplo, quando estamos com algum tipo de dor, em algum lugar do corpo, toda a nossa energia

---

[23] *Ibidem*, p. 25, grifo nosso.

parece se concentrar nesse local, não havendo mais interesse para qualquer coisa. Somos apenas tomados por aquela vontade de ficar em paz, em silêncio e isolados – com o mínimo de interação externa possível.

Tal premissa fundamenta a analogia poética que Freud propõe em seu texto: *"No buraco de seu molar se concentra a sua alma"*, como escreveu Wilhelm Busch sobre o poeta que sofre de dor de dente. "Libido e interesse do Eu têm aí o mesmo destino e são de novo inseparáveis. O conhecido egoísmo dos doentes cobre ambos".[24]

De modo semelhante à enfermidade, o estado do sono também significa uma retração narcísica das posições da libido para a própria pessoa, mais precisamente para o *desejo de dormir*. O egoísmo dos sonhos se enquadra bem nesse contexto, pois neles nós *sempre somos os atores principais* – seja encarando o enredo em primeira pessoa, seja "observando de fora" como o cinegrafista primordial.

A respeito da hipocondria, Freud vai escrever que o sujeito nesse estado desloca interesse e libido dos objetos do mundo externo e os concentra no órgão que o ocupa. Uma diferença entre hipocondria e doença orgânica, entretanto, se evidencia pelo fato de, no último caso, as sensações penosas se basearem em mudanças demonstráveis, no primeiro, não.

Geralmente são perturbações de origem exclusivamente psíquica. Contudo, não podemos nos

---

[24] *Ibidem*, p. 26.

esquecer de que somos constituídos por uma unidade psicossomática – em "O Eu e o Id", de 1923, o próprio Freud nos diz que o Eu é corporal, cotejando a psique e o soma.[25] Assim, não é raro constatarmos mudanças orgânicas ocasionadas pelos efeitos da hipocondria.

Freud vai além e se questiona: esse suposto represamento da libido no Eu pode ser sentido como desprazeroso, do mesmo modo que o incômodo provocado pela incidência do recalque?

Em vez de responder à nossa pergunta, Freud nos lança outra interrogação: "de onde vem mesmo a necessidade que tem a psique de ultrapassar as fronteiras do narcisismo e pôr a libido em objetos?"[26] Ele próprio, porém, tece uma resposta possível. Vejamos:

> A resposta derivada de nosso curso de pensamento seria, mais uma vez, que tal necessidade surge quando o investimento do Eu com *libido superou uma determinada medida. Um forte egoísmo protege contra o adoecimento, mas afinal é preciso começar a amar, para não*

---

[25] "O Eu é sobretudo corporal, não é apenas uma entidade superficial, mas ele mesmo a projeção de uma superfície". Freud, S. (2010). O Eu e o Id. In: S. Freud. *Obras completas*: o Eu e o Id, "Autobiografia" e outros textos (Vol. 16, p. 32) (P. C. de Souza, Trad.). São Paulo: Companhia das Letras (obra original publicada em 1923).

[26] Freud, S. (2010). Introdução ao narcisismo. In: S. Freud. *Obras completas*: introdução ao narcisismo, ensaios de metapsicologia e outros textos (Vol. 12, p. 29) (P. C. de Souza, Trad.). São Paulo: Companhia das Letras (obra original publicada em 1914).

adoecer, e é inevitável adoecer, quando, devido à frustração, não se pode amar.[27]

Pois bem, Freud nos indica que, quando a libido do Eu alcança determinada medida – e, aqui, ele alude ao campo *quantitativo* dos instintos –, caso ela não seja dirigida a objetos externos, teremos uma condição de adoecimento psíquico. A elaboração psíquica ajuda no desvio interno de excitações que não são capazes de uma direta descarga externa, ou para as quais isso não seria desejável no momento.

No início da vida, porém, esse princípio é indiferente, pois tal elaboração interna pode ocorrer valendo-se de *objetos reais* ou *imaginários*. A diferença se manifestará apenas depois, quando o voltar-se do investimento libidinal para objetos irreais conduz a um represamento da libido no próprio Eu (o que o autor denominou *introversão*).

Em outras palavras: no começo, precisamos nos munir de recursos fantasiosos para sustentar o desejo, pois na ausência do seio materno, por exemplo, sugamos a própria língua ou o dedo. No entanto, se mantivermos um contato direto e permanente com esses objetos imaginários, evidentemente nossa relação com o mundo externo ficará comprometida, aprisionando o sujeito num estado psicótico e alienante.

Logo, é imprescindível que o bebê, aos poucos, vá lidando com a realidade e, posteriormente, com a

---

[27] *Ibidem*, grifo nosso.

frustração, estabelecendo, assim, vínculos objetais *reais*; investindo a sua libido em outras coisas/pessoas que não sejam ele próprio. Afinal, *é preciso amar para não adoecer*.

Com efeito, ao falar de amor, Freud insere o último aspecto que pretendemos explorar nesta parte do capítulo: *a vida amorosa*.

Já mencionamos que as primeiras satisfações sexuais do sujeito são autoeróticas, experimentadas em conexão com funções vitais de autoconservação. Posto isso, os instintos sexuais apoiam-se, no começo da vida, na satisfação dos instintos do Eu e apenas mais tarde tornam-se independente deles.

No entanto, essa transição dependerá, fundamentalmente, do relacionamento estabelecido com as pessoas encarregadas da nutrição, dos cuidados básicos e da proteção da criança; elas serão os nossos primeiros objetos sexuais – geralmente a mãe ou a pessoa que será responsável por exercer a *função materna*.[28]

"Dizemos que o ser humano tem originalmente dois objetos sexuais: *ele próprio e a mulher que o cria*, e nisso pressupomos o narcisismo primário de todo indivíduo, que eventualmente pode se expressar de maneira dominante em sua escolha de objeto".[29]

É explícito, portanto, que o narcisismo de uma pessoa exerce "grande fascínio para aquelas que

---

[28] Não obstante, podemos presumir que esse assunto promoveu grandes investigações e descobertas de alguns autores pós-freudianos, como Klein, Bion e Winnicott, que, em seus trabalhos, priorizavam os impactos psíquicos advindos do contato inicial do bebê com a mãe.

[29] *Ibidem*, p. 33, grifo nosso.

desistiram da dimensão plena de seu próprio narcisismo e estão em busca do amor objetal".[30] É como se as invejássemos pela conservação de um estado psíquico "avantajado", uma posição libidinal inatingível, que desde então nós abandonamos.

Nesse âmbito, gostaria de mencionar alguns fenômenos culturais da contemporaneidade que circundam essa problemática do narcisismo. É bastante comum notarmos adolescentes que idolatram uma série de figuras públicas, assumindo-as como um verdadeiro modelo a ser seguido, renunciando a própria identidade – basta nos atentarmos à influência massiva que a internet exerce sobre esses sujeitos.

É válido lembrar, no entanto, que eles, muitas vezes, apresentam o narcisismo extremamente *fragilizado*. Na medida em que deixam de ser crianças, também não são vistos como adultos pelos pais e familiares. Além disso, é preciso mensurar a dificuldade de aceitação que se insere no contexto escolar; muitos adolescentes são vítimas de exclusão e preconceito – fatores que os colocam numa condição de vulnerabilidade social e psíquica. Por isso, é fundamental, nesse período da vida, a presença efetiva da família, dos amigos ou de colegas acolhedores e disponíveis.

Essas instituições, quando bem estruturadas, podem vir a auxiliar no fortalecimento de um narcisismo fragmentado, origem de um sofrimento inominável. Afinal, como nos disse Clarice:

---

[30] *Ibidem*, p. 34, grifo nosso.

> *Vou te fazer uma confissão: estou um pouco assustada. É que não sei aonde me levará esta minha liberdade. Não é arbitrária nem libertina. Mas estou solta.*[31]

O narcisismo primário: *his majesty, the baby*

Sabe aquela sensação de onipotência, que consiste basicamente em achar que somos os donos do mundo, que temos poderes mágicos ou somos super-heróis?

Todas essas percepções equivalem ao que Freud denominou *narcisismo primário*, que só ocorrem caso tenhamos sido amados o suficiente por nossos pais e familiares.

Sem tal condição, podemos, sim, criar ilusões de onipotência, porém elas servirão para suprimir uma falta, uma ausência de amor primordial à edificação do Eu, aprisionando o indivíduo em seu universo paralelo, pois poderá dificultar o estabelecimento de relações objetais. É preciso, portanto, que tenhamos sido amados inicialmente para somente após aprendermos a amar de verdade. Vejamos o que Freud escreve sobre isso:

> Quando vemos a atitude terna de muitos pais para com seus filhos, temos de reconhecê-la como *revivescência e reprodução do seu próprio narcisismo há muito*

---
[31] Lispector, C. (2020). *Água viva* (p. 27 [grifo nosso]). Rio de Janeiro: Rocco.

> *abandonado.* [...] Os pais são levados a atribuir à criança todas as perfeições – que um observador neutro não encontraria – e a ocultar e esquecer todos os defeitos, algo que se relaciona, aliás, com a negação da sexualidade infantil.[32]

Nesse sentido, muitos pais se esforçam para que as coisas sejam melhores à criança do que foram para eles próprios. Ela não deve passar pelas mesmas dificuldades que eles enfrentaram e, dessa forma, sustentam a ilusão de que a criança poderá *vir a ser* o que eles jamais puderam – tanto pessoal quanto profissionalmente.

Assim, a pobre criança já nasce com o destino previamente traçado e passará anos de sua vida em análise – quando possível –, tentando se descolar desse desejo *terceirizado*. Entretanto, é de suma importância que essa criança seja *desejada pelos pais*. Sem isso, ela poderá cair em um abismo existencial infinito.

O problema reside essencialmente no *limite desse desejo*. Muitos pais sustentam um ambiente para que a criança possa ser o que ela queira, respeitando sua *espontaneidade*. Outros, pelo contrário, impõem suas vontades egocêntricas na busca incessante de resgatar parte do próprio narcisismo que um dia tiveram que abdicar – por exemplo, aqueles pais que pensam: "*meu filho será aquele médico de sucesso que eu não pude ser*" ou

---

[32] Freud, S. (2010). Introdução ao narcisismo. In: S. Freud. *Obras completas*: introdução ao narcisismo, ensaios de metapsicologia e outros textos (Vol. 12, p. 36) (P. C. de Souza, Trad.). São Paulo: Companhia das Letras (obra original publicada em 1914).

"*minha filha será uma grande bailarina reconhecida internacionalmente*", entre outras coisas do tipo.

Recordo-me do caso de uma amiga que, assim que finalizou o ensino médio, ingressou na faculdade de Direito. Sabíamos que essa nunca havia sido a sua vontade real, tendo em vista seu gosto acentuado pelas artes e por outras áreas do conhecimento.

No entanto, vinda de uma família composta predominantemente por advogados reconhecidos e juristas famosos, e na expectativa de atender à demanda dos pais, ela *abriu mão do próprio desejo*. Conclusão da história: nunca exerceu sua profissão, pois, segundo ela, não se sentia segura para aceitar qualquer oferta de emprego que lhe ofereciam.

Esse é apenas um dos preços que pagamos ao renunciarmos a nossa própria condição desejante. Não à toa Freud diz que "o amor dos pais, comovente e no fundo tão infantil, não é outra coisa senão o narcisismo dos pais renascido".[33]

É importante, também, que esse amor fraterno incondicional, presente de modo intenso no começo da vida, possa ir "diminuindo gradativamente"; caso contrário, o pequeno indivíduo se tornará a pessoa mais insuportável do planeta, acreditando veemente que ocupa o lugar de "*vossa majestade*". Isso não significa, em absoluto, que os pais devem deixar de amar e apoiar os filhos. Um dos papéis nucleares da família consiste justamente em apresentar a dura realidade do

---
[33] *Ibidem*, p. 37.

mundo às crianças – ainda que em doses homeopáticas, como bem nos sugeriu Winnicott.[34]

Eu ideal *versus* ideal de Eu

Com o passar do tempo, as relações estabelecidas entre os nossos pares vão nos mostrando que "não somos a última bolacha do pacote". Além disso, outros fatores intrapsíquicos, como o complexo de Édipo e a angústia de castração, também exercem significativa contribuição para a diminuição do investimento libidinal dirigido ao Eu, nos obrigando a construir alguns vínculos externos que poderão consolidar a nossa concepção de alteridade.

No entanto, à medida que amadurecemos, o que acontece com a libido do Eu? Devemos supor que todo aquele amor que recebemos de fora, somado ao que cultivávamos por nós mesmos, passou para os investimentos de objeto?

A resposta não é tão simples assim, e aqui recorremos a um dos conceitos basilares da teoria freudiana, ou seja, a boa e velha companheira do nosso psiquismo: a senhora *repressão* – ou recalque, como preferem alguns tradutores.

A verdade é que os impulsos instintuais da libido sofrem o destino da repressão quando entram em

---

[34] Ver Winnicott, D. W. (1988). *Natureza humana*. Rio de Janeiro: Imago. Vale dizer, porém, que essa versão da tradução da obra winnicottiana não está muito boa. Portanto, recomendo ao leitor, se possível, que recorra ao texto original em inglês.

conflito com as ideias *morais* e *culturais* do indivíduo; isto é, por conta das regras sociais estruturadas por meio de um código de ética civil, não podemos sair por aí realizando as nossas vontades mais íntimas – na real, até podemos, mas as leis servem para nos indicar que toda satisfação tem o seu preço.

Portanto, é possível pensar que a repressão vem do Eu, das regras que foram introjetadas por ele ao longo de sua formação, fundando uma espécie de *autorrespeito do Eu*. Contudo, como as terras do inconsciente são "terras de ninguém" e se assemelham a um faroeste do Velho Oeste, nada permanece em paz por muito tempo.

Logo, as mesmas impressões, vivências, desejos e impulsos que um indivíduo tolera ou ao menos elabora conscientemente são fortemente rejeitados por outra parte do psiquismo com profunda indignação. *Grosso modo*, podemos dizer que uma parte construiu um *ideal* dentro de si a ser respeitado e seguido, enquanto à outra falta essa formação de ideal. Para o Eu, a formação do ideal seria a condição indispensável para que ocorra a repressão – é ele quem nos avisa que tal ímpeto de desejo não pode ser realizado.

A esse ideal erguido por normas e valores, dirige-se então uma parcela do amor a si mesmo, que o Eu real usufruiu na infância – quando ainda se achava uma grande *celebridade* tão famosa quanto Paris à noite. O restinho do narcisismo primário que sobrou se desloca para o Eu ideal, que, como o infantil, se acha dono de toda a perfeição.

Mas é óbvio que não vamos querer nos abdicar tão facilmente de uma posição que um dia fora inteiramente nossa e, se não podemos mantê-la, devido às frustrações internas e externas, procuramos readquiri-la na forma nova do *ideal de Eu*. O que o indivíduo "projeta diante de si como seu ideal é o substituto para o narcisismo perdido da infância, na *qual ele era o seu próprio ideal*".[35]

É válido lembrar, sobretudo, que a formação do ideal de Eu é frequentemente confundida com a *sublimação* dos instintos. Ora, nada mais errado, pois trocar o narcisismo pela veneração de um elevado ideal de Eu não implica ter alcançado a sublimação[36] dos instintos libidinais; ela continua sendo um fenômeno particular, cuja iniciação pode ser *instigada por um ideal e sua execução permanece independente*.

Por exemplo, indivíduos que sublimam os seus instintos agressivos com a prática de atividades físicas ou aqueles que o fazem com seus impulsos eróticos por meio da produção artística. Segundo Freud, "a sublimação representa a saída para cumprir a exigência sem ocasionar a repressão".[37]

Pois bem, uma das maiores riquezas desse ensaio habita precisamente na passagem em que o nosso

---

[35] Freud, S. (2010). Introdução ao narcisismo. In: S. Freud. *Obras completas*: introdução ao narcisismo, ensaios de metapsicologia e outros textos (Vol. 12, p. 40 [grifo nosso]) (P. C. de Souza, Trad.). São Paulo: Companhia das Letras (obra original publicada em 1914).

[36] Ver Metzger, C. (2021). *A sublimação*. São Paulo: Aller.

[37] Freud, S. (2010). Introdução ao narcisismo. In: S. Freud. *Obras completas*: introdução ao narcisismo, ensaios de metapsicologia e outros textos (Vol. 12, p. 41) (P. C. de Souza, Trad.). São Paulo: Companhia das Letras (obra original publicada em 1914).

autor enuncia que o fenômeno psíquico que ocasiona a formação do ideal de Eu, fortemente relacionado à consciência moral, partiu da influência crítica dos pais, aos quais se juntaram, ao decorrer do tempo, o discurso dos nossos professores, amigos, chefes e todas as opiniões das demais pessoas de nosso convívio.

A revolta contra essa instância julgadora se dá quando o sujeito quer se livrar de toda essa influência, começando pela dos pais – momentos demarcados por atos de transgressão, que podem ser mais ou menos intensos.

No entanto, ao deslocarmos parte do nosso narcisismo primário ao ideal de Eu, automaticamente transferimos ao outro (ou a algo externo) o que é nosso por direito e que pertence ao âmago de nossa intimidade.

Explico melhor: ao manifestarmos os nossos ideais por meio da escolha de uma figura que nos represente de forma *simbólica*, em razão da afinidade que conservamos por seus valores, estamos demarcando algo que fala mais sobre nós do que sobre o outro. Diante disso, podemos presumir quais são as verdadeiras virtudes de alguém, ao passo em que "analisamos" quem (ou o que) elas defendem como *mito*. Fica a dica!

Esse mesmo ideal de Eu assumirá a função da consciência moral que fornece às ciências, de modo geral, a energia necessária para as suas operações intelectuais. Aqui cabe uma ressalva: quando utilizamos essa instância crítica para avaliar o nosso trabalho, buscar uma revisão sensata do que produzimos e descontruir as nossas convicções dogmáticas, ela certamente será bastante produtiva. Contudo, quando tal instância moral *nos usa*, somos tomados de uma angústia persecutória, temendo as apreciações externas e, com isso, nos vemos completamente paralisados.

O fato é que, quando diminuímos a pressão sobre nós mesmos – e convenhamos que isso não é nada fácil, pois essa pressão é fruto de nossa própria história –, conseguimos afrouxar o cinto que nos prende e, como em um passe de mágica, o nosso trabalho flui.

O importante é saber até que ponto as autocobranças são responsáveis pelo nosso adoecimento. A procrastinação, inclusive, pode estar conectada à intensidade dessas forças psíquicas. Tomados pelo medo das exigências alheias, não somos capazes sequer de sair do lugar, o que nos leva a inventar mil desculpas para não fazer algo que, às vezes, é extremamente necessário.

Em 1923, com a apresentação de sua consagrada *segunda tópica*,[38] Freud nomeará essa instância julgadora de Supereu (*Über-Ich*).

Retomemos, então, ao conceito de *Eu ideal*. Freud levanta a problemática do "amor-próprio", que, a seu ver, parece estar relacionado ao sentimento de grandeza do Eu. "Tudo que se tem ou que se alcançou,

---

[38] A metapsicologia de Freud é marcada pela existência de duas tópicas, ou seja, dois modelos topológicos para se pensar o aparelho psíquico. O primeiro deles, apresentado originalmente no capítulo VII de "A interpretação dos sonhos" (1900), está baseado na concepção de consciente, pré-consciente e inconsciente; o segundo foi oficialmente formulado no artigo "O Eu e o Id" (1923), em que encontramos as três famosas instâncias: Eu, Isso e Supereu (ou Ego, Id e Superego em outras traduções). Reitero, porém, que uma tópica não anula a outra, sendo, portanto, ideias complementares.

todo resíduo do primitivo sentimento de onipotência que a experiência confirmou, ajuda a aumentar o amor-próprio".[39]

Com o objetivo de estender suas teses, Freud se baseia em dois fatos fundamentais: nas paranoias ou psicoses, o amor-próprio é aumentado (algo facilmente perceptível no delírio de grandeza desses indivíduos); nas neuroses de transferência, porém, ele é reduzido. Na vida amorosa, não ser amado rebaixa o amor-próprio, enquanto o contrário o eleva.

> A dependência do objeto amado tem efeito rebaixador; o apaixonado é humilde. Alguém que ama perdeu, por assim dizer, uma parte de seu narcisismo, e apenas sendo amado pode reavê-la. Em todos esses vínculos o amor-próprio parece guardar relação com o elemento narcísico da vida amorosa.[40]

Desse modo, o desenvolvimento do Eu consiste num afastamento do narcisismo primário, mas, ao mesmo tempo, exige um intenso esforço para reconquistá-lo. Tal distanciamento ocorre por meio do deslocamento da libido para um ideal de Eu imposto de fora, e a satisfação, mediante o cumprimento desse ideal.

Por isso, Lacan nos fala da condição alienante do nosso desejo e dessa dualidade paradoxal que envolve o par Eu-Outro. Para o autor francês, no período de

---

[39] *Ibidem*, p. 45.
[40] *Ibidem*, p. 46.

sua constituição, o sujeito é colocado diante da escolha pelo ser ou pelo sentido; *mas essa escolha é forçada em direção ao sentido* (o ideal de Eu, para Freud), gerando uma perda no campo do ser.

A origem da alienação residiria justamente nessa conexão íntima entre a eleição do sentido e a perda do ser. Assim, curiosamente, Lacan lembra que uma perda de ser *é necessária para o surgimento do sujeito no universo simbólico*, o que o leva a dizer que "o sujeito não é causa de si, que ele é consequência da perda",[41] surgindo, desde o princípio, como sujeito repartido, que se vê condenado a emergir no campo do sentido.

Acontece, entretanto, que esse ganho de sentido *não devolve ao sujeito a consistência de ser*. É aqui que atua a outra face da alienação: a perda de ser possui um valor tão operatório quanto o acréscimo de sentido. A falta, por ter valor fundacional, opera produzindo consequências. Por essa via, a definição do sujeito como *falta-a-ser* é radicalmente oposta a qualquer definição essencialista ou idealista.

A partir dessa perda de ser, o sujeito deslizará num processo infinito de produção de significações, afastando-se, assim, de uma verdade definitiva sobre si. Com efeito, mais do que um dado concreto, o sujeito é, para Lacan, fundamentalmente, uma questão, um "quem sou?" nunca absolutamente respondido.

---

[41] Lacan, J. (inédito). *O seminário, livro 15*: o ato psicanalítico (obra original publicada em 1967-1968).

É preciso abandonar o Eu?

Em um ensaio chamado "Mata-se uma criança" – fazendo alusão ao clássico freudiano "Bate-se numa criança" (1919) –, Serge Leclaire afirma que a "prática psicanalítica se concentra na colocação em evidência do trabalho constante de uma força de morte: aquela que consiste em matar a criança maravilhosa (ou arrepiante, assustadora), que, de geração em geração, testemunha os sonhos e desejos dos pais".[42]

Trata-se de uma morte impossível, mas extremamente indispensável, de uma *representação originária*. Desse modo, para que a criatividade, a espontaneidade, o desejo, ou mesmo o Eu (descolado de seu ideal) possam surgir, é necessário que se mate a criança perfeita, mitológica e endeusada – fruto do olhar materno que sustenta o berço esplêndido desse bebê adorado.

Recordei-me, aqui, de um diálogo de uma amiga com a filha. A menininha de 6 anos havia chegado do colégio bem triste em casa, pois, segundo ela, as amigas haviam feito uma espécie de votação e não a escolheram como a mais bela da turma.

Ao relatar o caso para a mãe, foi surpreendida com a afirmação de que ela realmente era uma menina muito bonita, mas não a mais bela da turma. Na tentativa de explicitar melhor o que queria dizer, a mãe mostrou a foto da Gisele Bündchen em seu celular e perguntou à filha se ela mesma, a própria mãe, era mais bonita

---

[42] Leclaire, S. (1975). *On tue un enfant*: un essai sur le narcissisme primaire et la pulsion de mort (p. 11). Paris: Seuil.

que a modelo. Sem hesitar, a menina disse que não. E assim aprendemos com os nossos pais, quando eles têm o mínimo de sensatez, que não somos tudo isso...

Por outro lado, o próprio Freud dirá que os resquícios do narcisismo primário são os alicerces que asseguram o sentimento de *amor-próprio* e que fortalecem o Eu, blindando-o, na medida do possível, das influências externas que nos poderiam ser tóxicas e destrutivas.

O inconveniente dessa situação abarca exatamente o *equilíbrio* dessas duas partes (o Eu ideal e o ideal de Eu). Se matarmos por completo a criança que um dia fora amada e ocupara o lugar de *vossa majestade*, acabaremos "jogando fora o bebê com a água suja do banho", ficando sem nada de investimento libidinal em nós mesmos.

É justamente sobre esse vértice da teoria freudiana que se debruçarão outros autores – como André Green (1927-2012), por exemplo, que discorre sobre a concepção de um narcisismo de vida e de morte.[43]

Na visão de muitos estudiosos, caso o sujeito não tenha recebido esse investimento inicial de amor nos primórdios da vida psíquica, seu Eu ficará tão frágil que dificilmente será capaz de amar alguém no futuro; e, se vier a amar, será aos percalços, pois sujeito e objeto, muito provavelmente, se fusionarão em uma *mesma unidade*; o mais "fraco" apoiando-se no mais "forte" – um terreno fértil para a fundação de relacionamentos abusivos, diga-se de passagem.

---

[43] Green, A. (1988). *Narcisismo de vida, narcisismo de morte*. São Paulo: Escuta.

O amor a si mesmo e o amor ao outro entram em uma dialética de conflito infindável no qual a crueldade desempenha um papel, por vezes, de protagonista. [...] É o narcisismo que também está na base da criação de fortes laços de ligação ao outro. O desamparo infantil encontra no amor e na ternura dos pais o abrigo indispensável para a sobrevivência. Essa ternura e esse amor, de natureza também narcisista, são produtos, por sua vez, de uma renúncia ao narcisismo próprio, o que revela um dos rostos "bons" do narcisismo. *A pluralidade de faces, de transformações desse conceito sustenta um dos pilares de sua riqueza.*[44]

Por fim, mas não menos importante, gostaria de comentar a respeito de alguns sentidos que a palavra "narcisismo" vem recebendo na atualidade. Noto uma grande banalização do termo, sempre ligado a seu aspecto pejorativo: "fulano é narcisista", "mães narcisistas", "meu analista é narcisista" etc. Se nos guiarmos por tudo que foi apresentado até aqui sobre a teoria freudiana, vamos perceber que a coisa é muito mais complexa do que parece.

Com o uso crescente das redes sociais e das mídias digitais, assistimos a um aumento significativo de algumas das características centrais que levaram Guy Debord a criar a sua noção de *sociedade do espetáculo*. Para esse autor francês, nessa configuração social "as

---

[44] Miguelez, O. M. (2015). *Narcisismos* (p. 36). São Paulo: Escuta.

imagens fluem desligadas de cada aspecto da vida e fundem-se num curso comum, de forma que a unidade da vida não pode ser restabelecida".[45] Logo, "a realidade considerada *parcialmente* reflete em sua própria unidade geral um *pseudomundo à parte*, objeto de pura contemplação".[46]

Na busca implacável pelo reconhecimento (ou melhor, engajamento), os indivíduos fazem de tudo um pouco: desde fotos que possam receber vários likes até postagens de comentários superficiais e sem quaisquer embasamentos sobre algum assunto que esteja em alta em determinada época. *Posto, logo existo* – pensa o Narciso da contemporaneidade.

Entretanto, essa sede por uma suposta validação existencial não poderia representar as rachaduras de um Eu enfraquecido que nada tem de narcisista, já que precisa constantemente do olhar do outro para juntar os seus cacos? Estamos, nesses casos, realmente falando de um Eu autossuficiente? Ou, pelo contrário, de uma estrutura vulnerável que carrega em si as marcas permanentes de uma carência afetiva primária?

Pois bem, caminhemos um pouco mais e analisemos a dinâmica de seleção que predomina em aplicativos de relacionamentos. São tantas imposições para conhecer o outro, que marcar um simples encontro acaba virando uma saga mais complexa do que o enredo de *Game of Thrones* – que, por sinal, teve um fim bem

---

[45] Debord, G. (1997). *Sociedade do espetáculo*. Rio de Janeiro: Contraponto.

[46] *Ibidem*.

trágico e decepcionante. Um dos perfis que acabou viralizando nas redes dizia:

> Não TOLERO mulheres que: bebam, fumem, gostem de assistir novelas, gostem de sair com as amigas, reparem em outros homens, tenham celulite, sejam feias, sejam mais pobres que eu, não tenham faculdade, não tenham carro, não trabalhem, não se depilem. (Pedro, 24 anos)

Esse é apenas um dos milhares de exemplos bizarros que encontramos por aí. Geralmente são criados por homens cis,[47] brancos e heterossexuais. O fato é que, em meio a tantas exigências, Narciso realmente acabará sozinho, assombrado pelos fantasmas de seu egocentrismo impiedoso, afogando-se tragicamente nas profundezas de suas vaidades, que denunciam, sobretudo, todas as suas faltas.

Assim como ocorre no mito, estamos diante do sujeito perseguido pelos *ecos* de sua voz, que vislumbra a precária ilusão de completude – uma das grandes falácias da humanidade, posto que a falta é indissociável do ser.

No campo da clínica, notamos um aumento expressivo de pacientes que nos procuram tomados

---

[47] Abreviação de cisgênero, ou seja, indivíduo que se identifica com o sexo biológico com o qual nasceu. Um exemplo é uma pessoa que nasceu com genitália feminina e cresceu com características físicas de "mulher", e adotou padrões sociais ligados ao feminino, comumente expressados em roupas, gestos, tom de voz etc.

por tédio, apatia, sentimento de vazio e futilidade. É como se não houvesse um Eu verdadeiro minimamente estruturado. Parece que tais indivíduos não receberam o "sopro da vida" que nos impulsiona, nos movimenta e nos faz correr atrás de nossos sonhos – mesmo que alheios.

Ao analisarmos suas histórias, identificamos traumas primitivos, a presença de um ambiente inicial caótico, um Eu em pedaços que padece pela ausência de investimento libidinal. Esses analisandos precisam de outro modelo de clínica, que não o enquadre tradicional clássico. Eles necessitam, sobretudo, de um analista comprometido, presente, cuidadoso, que possa despertá-los para a vida, valendo-se de uma *ética do cuidado*[48] – preconizada por Ferenczi e ampliada por Winnicott.

À medida que ocorre o processo de aceitação de suas cicatrizes traumáticas, por meio do *testemunho* atento do psicanalista, esses sujeitos conseguirão juntar os cacos de seu Eu debilitado e, finalmente, poderão desenvolver a capacidade de amar e serem amados, vivendo uma vida real que *valha a pena ser vivida*. Não se trata aqui de uma lógica idealizada pela luz do romantismo, mas da potência transformadora do comprometimento humano diante do sofrimento do outro.

---

[48] Ver Dias, E. O. (2010). *O cuidado como cura e como ética*. Winnicott e-prints, 5(2), 21-39. Recuperado de http://pepsic.bvsalud.org/scielo.php?script=sci_arttext&pid=S1679-432X2010000200002&lng=pt&tlng=pt.

Ampliar a dimensão do narcisismo não é só uma necessidade que acomete o nosso repertório teórico, mas, principalmente, o nosso fazer clínico. Se há alguns anos o mito que predominava na cena analítica era o de Édipo, hoje, sem dúvida nenhuma, é o de Narciso. Duas tragédias que não se anulam, mas denunciam as mazelas da *alma humana* – objeto de pesquisa e trabalho de todo analista que se preze.

Peço desculpas ao leitor pelo tamanho deste capítulo. Obviamente, tratamos do assunto de modo muito mais breve no podcast. Neste espaço, porém, a coisa ganha outra dimensão. Não sou capaz de escrever sobre narcisismo de modo resumido e superficial, embora eu tenha me esforçado para ser o mais didático possível aqui.

É preciso, contudo, que entendamos a dimensão dessa tese freudiana sem correr o risco de cair em convicções levianas. Finalizo este capítulo com o seguinte poema de Rupi Kaur, com a intenção de promover sempre mais inquietações do que certezas. Vejamos:

> toda vez que você
> diz para sua filha
> que grita com ela
> por amor
> você a ensina a confundir
> raiva com carinho
> o que parece uma boa ideia

até que ela cresce
confiando em homens violentos
porque eles são tão parecidos
com você

– aos pais que têm filhas[49]

---
[49] Kaur, R. (2017). *Outros jeitos de usar a boca* (p. 19). São Paulo: Planeta.

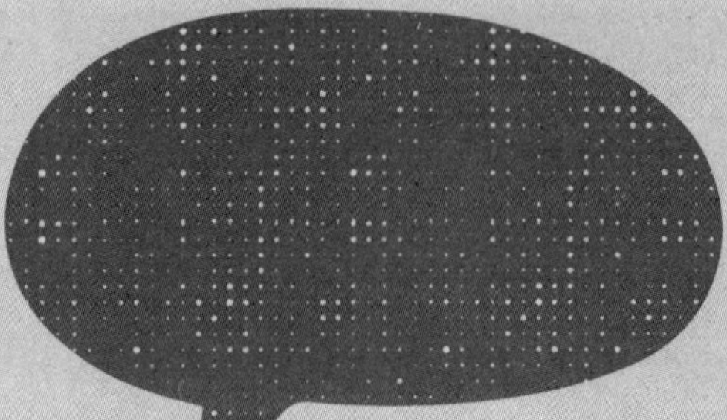

Capítulo 3
—
A filha perdida:
reflexões psicanalíticas
—

A psicanálise aplicada: uma introdução

> Não deveríamos procurar os primeiros indícios da atividade poética já nas crianças? *A atividade que mais agrada e a mais intensa das crianças é o brincar.* Talvez devêssemos dizer: *toda criança brincando se comporta como um poeta, na medida em que ela cria seu próprio mundo, melhor dizendo, transpõe as coisas do seu mundo para uma nova ordem, que lhe agrada.*[1]

Mencionei na introdução deste livro que o critério utilizado para sua escrita foi a seleção dos episódios mais ouvidos do podcast até o momento da publicação desta obra. É bastante curioso que um dos que ganhou grande repercussão entre o público foi a análise do filme *A filha perdida* (Netflix, 2021).[2]

Tenho duas hipóteses: a primeira se refere ao fato de que é muito mais fácil compreender a complexidade de alguns conceitos quando eles aparecem "ilustrados" em qualquer produção artística, e o filme, nesse âmbito, se encaixaria perfeitamente; a segunda consiste na premissa de que o cinema, de modo geral, sacode o nosso imaginário, mexe com as nossas fantasias e promove uma espécie de identificação com o espectador, quando nutrimos algum afeto por determinada obra. Quem de

---

[1] Freud, S. (2021). O poeta e o fantasiar. In: S. Freud. *Arte, literatura e os artistas* (Vol. 3, p. 54 [grifo nosso]) (E. Chaves, Trad., Coleção Obras incompletas de S. Freud). Belo Horizonte: Autêntica (obra original publicada em 1908).

[2] Aliás, essa é uma das características peculiares do podcast; os ouvintes poderão encontrar diversas análises de filmes por lá.

nós não possui aquele filme de estimação que marcou a nossa vida em algum momento?

A questão é que sem a arte – e aqui me refiro a ela de modo mais amplo – a vida humana perde o sentido, pois, conforme nos indica o próprio Freud, ao mencionar alguns aspectos que atravessam a nossa relação com a poesia, "o poeta faz algo semelhante à criança que brinca; ele cria um mundo de fantasia que leva a sério, ou seja, um mundo formado por grande mobilização afetiva, na medida em que se distingue rigidamente da realidade".[3]

Quando crescemos, infelizmente somos obrigados a abandonar as nossas brincadeiras. Não há espaço para o *lúdico* na vida adulta contemporânea, em que tudo está voltado à produtividade, ao lucro e aos bens de consumo. Trocamos o lazer pelo trabalho e romantizamos o cansaço resultante dessa lógica neoliberal. Aos poucos, renunciamos ao ganho de prazer que a brincadeira nos trazia.

Talvez por isso somos tão afetados pelas obras cinematográficas. Por meio delas e com elas, é possível ao menos fantasiar, imaginar como seria a nossa história caso tivéssemos a oportunidade de viver as aventuras ou as tragédias daquele determinado personagem.

Hoje, uma boa parcela de nosso adoecimento psíquico se deve ao fato de que desaprendemos a brincar, perdendo, assim, a essência de liberdade e sonhos que compõe as diversas faces de nossa infância.

---

[3] *Ibidem.*

Afinal, como nos escreve Winnicott ao se dirigir à prática analítica: "Se o terapeuta é incapaz de brincar, algo precisa ser feito para que se torne capaz disso, e só então a psicoterapia pode começar. *O brincar é essencial, porque é nele que o paciente pode ser criativo*".[4]

Entretanto, articular alguns conceitos da psicanálise com o enredo de um filme pode certamente nos levar a uma simplificação excessiva de teses que foram construídas com base numa sólida *experiência clínica*, mediante observações cuidadosas e articuladas com uma longa e densa *investigação teórica*.

Por mais que existam tais dificuldades, porém, é possível acompanhar os grandes autores clássicos que se lançaram nessa empreitada desde os princípios da história psicanalítica.

A título de exemplo, o próprio Freud fez diferentes análises de biografias,[5] peças de teatro e obras de arte em artigos, como: "Personagens psicopáticos no palco" (1942 [1905-06]), "Uma lembrança de infância de Leonardo da Vinci" (1910), "*O Moisés*, de Michelangelo" (1914) etc.

Melanie Klein também foi uma autora que realizou tais articulações, publicando trabalhos expoentes

---

[4] Winnicott, D. W. (2019). *O brincar e a realidade* (p. 92 [grifo nosso]). São Paulo: Ubu Editora (obra original publica em 1971).

[5] Tive o prazer de escrever um livro, ao lado do meu orientador, o prof. Dr. Alfredo Naffah Neto, que versa exatamente sobre essa temática. Propusemos uma reflexão psicanalítica da autobiografia de William Styron, um grande escritor que foi acometido por uma intensa depressão durante longos anos de sua existência. Ver Almeida, A. P., & Naffah, A., Neto (Orgs.) (2022). *Perto das trevas*: a depressão em seis perspectivas psicanalíticas. São Paulo: Blucher.

como "Algumas reflexões sobre a *Oresteia*" (1963), no qual analisa o enredo de uma tragédia grega. Essa lista certamente se estenderia caso nos propuséssemos a mencionar outros autores e ensaios publicados no decorrer da história do movimento psicanalítico que tangenciam essa temática.

Um filme, uma poesia, um conto, um livro, um quadro, uma música etc. são elementos que fazem parte da nossa história *cultural* e *artística*. Todos eles podem ser vistos sob a ótica da psicanálise, pois notamos uma presença *intimamente humana* que possibilita e consolida as suas produções. Seguindo por essa mesma perspectiva, Renato Mezan, no seu clássico "O tronco e os ramos", nos dirá que:

> Por "cultura em sentido estrito" entendo as produções artísticas e científicas sobre as quais o analista pode se debruçar: livros, peças de teatro, filmes, obras das artes plásticas, teorias surgidas nos diversos campos da ciência e da filosofia. É o terreno da chamada *psicanálise aplicada*, ou seja, *do emprego dos nossos conceitos para desvendar dimensões desses objetos que de outro modo permaneceriam na sombra*. A utilidade de tal procedimento pode ser maior ou menor, segundo a maneira como é realizado: da simples interpretação de atitudes e comportamentos dos personagens, que ilustra com um material acessível ao leitor os mecanismos postulados pela psicanálise, até a tentativa de compreender os processos em jogo na criação em

qualquer dos seus aspectos, o campo de estudo se estende a perder de vista.[6]

O praticante da *psicanálise aplicada* não possui a seu alcance os recursos das livres associações, da transferência e do processo analítico. Esse entrave certamente exigirá do pesquisador uma capacidade maior de implicação pessoal, dando à pesquisa um caráter de *pessoalidade*, embora fortemente movido por referências teóricas utilizadas com rigor técnico e metodológico. Aliás, diga-se de passagem, mesmo num relato de caso clínico a *pessoa do analista* sempre vai aparecer – uma das marcas que fazem a nossa prática e pesquisa ser *essencialmente* humana e subjetiva.

Repensando "as maternidades"

Um dia desses, li na *Folha de S.Paulo* uma coluna genial escrita por minha talentosa amiga Tati Bernardi.[7] Nesse texto, ela aborda questões a respeito da maternidade e o sentimento inerente de *culpa* que assola muitas mulheres que exercem o papel de mãe.

Ela relata que, em determinada, situação, quando estava pronta para ir a uma festa, a filha aparece diante

---

[6] Mezan, R. (2014). *O tronco e os ramos*: estudos de história da psicanálise (p. 525 [grifo nosso]). São Paulo: Companhia das Letras.

[7] Bernardi, T. (2022, 24 de março). O prazer feminino. *Folha de S.Paulo*. Recuperado de https://www1.folha.uol.com.br/colunas/tatibernardi/2022/03/o-prazer-feminino.shtml.

dela com os olhos marejados e pede para que fique em casa. No mesmo instante, Tati, como boa mãe – *de acordo com os valores morais e culturais da sociedade* –, começa a retirar a maquiagem e o salto alto, *desmontando-se* com o intuito de passar a noite ao lado da criança.

Em seguida, a avó surge com um enorme sorriso e ar de aprovação ao ver que a filha havia decidido permanecer ao lado da neta, pois, na cabeça dela (e na de tantas outras mulheres), o certo a se fazer naquela situação era renunciar a *qualquer prazer* por um filho.

Por outro lado, Tati também relata outras experiências em que fora obrigada a deixar a filha chorando, como ir ao mercado para fazer compras, ter que sair para trabalhar e garantir o sustento da família, passar em uma consulta médica ou até mesmo ficar internada no hospital por algum motivo de saúde.

Portanto, na percepção da autora, era *justo* frustrar a criança em nome de *trabalho, tristeza, doença e mal-estar*. Somente por *esses motivos mais sérios* valia a pena aturar aquela carinha de choro na porta de casa. *Mas por causa de uma festa?* Jamais.

Por que se divertir, para as mulheres, *sobretudo para as mães*, não é uma atitude a ser levada em consideração como um hábito comum da vida cotidiana, tendo em vista que, para os homens, sair com os amigos e se esquecer dos problemas é o que existe de mais importante como um recurso trivial de manutenção da *sanidade psíquica*?

"Eu estava morta ali, mais uma vez desistindo de uma farra, mas eu era uma santa. Uma mãe de verdade" – nos confessa a autora.

Então, enquanto a *Peppa Pig* fazia uma de suas malcriações na televisão, Tati revela – para o nosso alívio e de todas aquelas pessoas que têm um mínimo de bom senso – que pulou da cama e falou a si mesma: "Eu vou!"; e ainda pensou em dizer à filha:

> [...] a mamãe precisa te ensinar, nesse mundo machista dos infernos, a nunca desistir do seu prazer e da sua felicidade! *Não existe nada no mundo mais importante do que você, nada que eu ame mais do que você*, contudo ainda sobra tanto afeto e desejo dentro de mim. Ainda preciso de tanta realização, deleite, excitação e amor *para fora da maternidade*.[8]

Obviamente, ela não falou com essas palavras. Foi breve, didática e poupou a criança de certos detalhes. É claro que, no fim da história, a menina ficou muito brava, mas às duas da manhã Tati já tinha voltado correndo para casa.

D. W. Winnicott (1896-1971), pediatra e psicanalista inglês que estudou a fundo as múltiplas facetas da maternidade, nos apresenta a noção de *mãe suficientemente boa* (*good enough mother*), que significa, basicamente, uma mãe capaz de exercer cuidados essenciais a um bebê no início da vida e, aos poucos, ir saindo de cena, apresentando o mundo para a criança em doses homeopáticas.

Não se trata aqui de uma função materna *idealizada* ou excessivamente benevolente – como, infelizmente,

---

[8] *Ibidem.*

alguns autores que não compreendem o teor da obra winnicottiana postulam –, mas de alguém de carne e osso, que apenas cumpra as *atividades básicas* de segurar (*holding*) e manusear (*handling*)[9] a criança nos estágios primários de desenvolvimento – período em que ela se encontra numa relação de *dependência absoluta* dos recursos ambientais.

Nas palavras do próprio autor:

> Pode ser muito útil postular que o ambiente suficientemente bom *começa com um alto grau de adaptação às necessidades individuais do bebê*. Geralmente a mãe é capaz de provê-lo, por causa do estado especial em que se encontra, o qual denominei "preocupação materna primária". Apesar de existirem outros nomes para identificar esse estado, descrevi-o em meus próprios termos. *A adaptação vai diminuindo de acordo com a necessidade crescente que o bebê tem de experimentar reações à frustração*. A mãe saudável pode retardar sua função de não conseguir se adaptar, até que o bebê tenha se tornado capaz de reagir com raiva, em vez de ficar traumatizado pelas incapacidades da mãe. Trauma significa quebra de continuidade na existência de um indivíduo. É somente sobre uma continuidade no

---

[9] Lembrando que segurar e manusear são apenas metáforas que englobam todos os cuidados necessários ao bebê nos primórdios da vida, como trocar, acolher, saber identificar o seu gesto espontâneo e suas demandas específicas (fome, sono e dor) e suportar os impulsos agressivos-destrutivos que vão se manifestar posteriormente, garantindo, então, uma espécie de contorno à estrutura psicossomática da criança. Todas essas funções são necessárias para assegurar um desenvolvimento minimamente saudável.

existir que o sentido do *self*, de se sentir real, de ser, pode finalmente se estabelecer como uma característica da personalidade do indivíduo.[10]

Logo, para um desenvolvimento maturacional saudável, precisamos de que a criança experimente algumas *frustrações*, o que certamente também compreende a capacidade de a mãe exercer a *própria individualidade*. O que o autor nos diz, *grosso modo*, é que inicialmente o bebê precisa, sim, de uma mãe totalmente devotada aos seus cuidados; no entanto, Winnicott *não romantiza a maternidade*.

Em diversos outros textos, ele vai apontar que é normal e necessário que a mãe saiba falhar, rompendo o estado de fusão que construiu, nos primórdios da vida, com o bebê – ela precisa saber *conservar* a sua subjetividade.

Não existe, portanto, o conceito de uma suposta maternidade *perfeita* e *romantizada*. A pessoa que exerce a função materna não é uma máquina, tampouco deveria ser. Caso contrário, o bebê ficaria para sempre alienado do mundo real (externo e objetivo).

No entanto, a sociedade, predominantemente machista e misógina, julga as mulheres que conseguem conciliar as próprias demandas com o exercício da maternidade como *egoístas* e *imaturas*. Uma mulher independente e bem resolvida com as próprias

---

[10] Winnicott, D. W. (2021). O conceito de indivíduo saudável. In: D. W. Winnicott. *Tudo começa em casa* (p. 23 [grifo nosso]). São Paulo: Ubu Editora (obra original publicada em 1967).

questões intimida muitos homens e, por conta disso, são injustamente atacadas por meio de vertentes que pregam um falso moralismo e uma hipocrisia tipicamente culturais.

Nesse sentido, é quase impossível que uma mãe não se sinta culpada apenas por *querer viver a sua vida*, já que ocupar esse lugar, na concepção de muita gente, implica abdicar de grande parte de sua personalidade e de seus desejos.

O filme *A filha perdida*, baseado na obra homônima de Elena Ferrante (2006), vai justamente abordar tais questões. Polêmico, denso e sensível, o enredo toca em assuntos que a sociedade prefere simplesmente esquecer ou ignorar.

Mencionei, logo nos primeiros minutos do episódio do podcast, que a história nos provoca o efeito de *Das Unheimliche*, ou seja, *O Infamiliar* da teoria freudiana – ou *O Inquietante*, dependendo da tradução. Essa é uma ideia bastante interessante de Freud, que pode ser ampliada para vários campos da nossa esfera cultural. Ele defende que a palavra alemã *Unheimlich* representa o oposto do *Heimlich*, na medida em que designa aquilo que não é conhecido, o novo.

Por essa lógica, somos levados a concluir que uma coisa é inquietante justamente porque não é conhecida nem familiar, escreve Freud. Contudo, a experiência clínica contradiz isso, pois nem tudo que é novo, desconhecido e não familiar é assustador ou estranho. Alguma coisa deve necessariamente vir se acrescentar ao novo, ao não familiar, para que ele se torne *infamiliar*.[11] O que seria, então, esse elemento?

Pois bem, uma análise etimológica do termo *Heimlich* lhe dá a resposta. Ao final dessa pesquisa linguística, Freud percebe que essa palavra pode ter surgido de mudanças graduais do uso da linguagem justamente para empreender o que pertence à esfera da intimidade, ao que está escondido em segredo. Em outras palavras, aquilo que é *Unheimlich*.

Com efeito, essas duas palavras são apenas o direito e o avesso de uma só e mesma coisa, isto é: o *Heimlich* está no cerne do *Unheimlich*. Sem essa compreensão, torna-se praticamente impossível saber a particularidade e a complexidade desse fenômeno.

De modo mais conceitual, o *Unheimliche* pertenceria, consecutivamente, a esse tipo de elemento psíquico angustiante, cujo núcleo é constituído pelo retorno daquilo que fora recalcado. Portanto, o *infamiliar* seria da ordem do familiar; o "recalcado que deveria permanecer oculto, mas veio à tona".[12]

"Não me admiraria ouvir que a psicanálise, ocupada em descobrir essas forças misteriosas, tornou-se, ela mesma, *infamiliar* para muitas pessoas",[13] confessa

---

[11] Freud, S. (2019). O infamiliar (Das Unheimliche). In: S. Freud. *O infamiliar [Das Unheimliche]* – Edição comemorativa bilíngue (1919-2019). Seguido de *O homem da areia*, de E. T. A. Hoffmann (Vol. 3) (E. Chaves, P. H. Tavares e R. Freitas, Trads., Coleção Obras incompletas de Sigmund Freud). Belo Horizonte: Autêntica (obra original publicada em 1919).

[12] *Ibidem*, p. 87.

[13] *Ibidem*, p. 91.

Freud. Nesse sentido, o inconsciente seria a nossa parte mais perturbadora, mais subversiva, que desafia os domínios do pensamento. A invenção freudiana nos revela algo que não desejamos saber, gerador de angústia, embora assustadoramente familiar. O *infamiliar*, propriamente dito, é o nosso inconsciente.

Partindo dessa premissa, faz sentido afirmar o motivo pelo qual o filme *A filha perdida* nos desperta esse sentimento *incômodo* e *inquietante*, lançando-nos fatalmente para os abismos de uma experiência *já vivenciada*; considerando o fato de que todos nós, um dia, já ocupamos o lugar de filiação, cada um dentro de sua própria perspectiva. Talvez, por essa razão, tenha sido insuportável para muita gente assistir ao longa-metragem, provocando alarde em torno do tema da maternidade.

Alguns anos de prática na área da educação e na clínica psicanalítica, atendendo mulheres que são mães, me levaram a pensar o filme sob *dois aspectos*: o *das filhas* e o *das mães*. Dois lados que, embora ambivalentes, não se excluem; pelo contrário, estendem o nosso olhar acerca da maternidade, evitando uma compreensão superficial e leviana – por vezes, preconceituosa.

De início, somos apresentados à personagem de Leda, uma mulher forte e autossuficiente, professora universitária de literatura, que aluga uma casa no litoral da Grécia para passar alguns dias de suas férias de verão, *sozinha*.

A viagem, no entanto, acaba não sendo exatamente um descanso, mas uma imersão em suas lembranças, sempre banhadas pela agitação da água do mar, pelos ventos, pelo barulho das ondas e pela luz de um farol que incide sobre seu quarto. Uma luz que impede o esquecimento e, por conseguinte, a *incomoda*.

No segundo dia, a chegada de uma família agitada, tipicamente italiana, faz com que ela se lembre de suas vivências, lançando-a em um passado distante de sua vida atual. Duas personagens, em específico, despertam a atenção de nossa protagonista: Nina e Elena, mãe e filha, respectivamente.

Leda acaba se envolvendo diretamente com essas pessoas no exato momento em que encontra a menina, Elena, que havia se perdido na imensidão daquela praia – uma cena, por sinal, que nos causa uma intensa angústia, ainda mais por conta das lembranças de Leda, que já havia vivenciado algo parecido com Bianca, uma de suas filhas, quando ainda era pequena.

É importante observar o quanto o sossego de Nina é perturbado pela presença de Elena, que chora incessantemente, grita, faz birra e testa a *sobrevivência* daquela mãe. Nesse sentido, é necessário que não romantizemos as crianças, colocando-as num pedestal que beira uma idealização alienante – tal como acontecia na Idade Média (e ainda hoje em algumas culturas).

É claro que a infância comporta todas as peculiaridades de inocência e candura, mas crianças são pequenos humanos que também são atravessados por diversas pulsões sexuais, como Freud bem assinalara desde a publicação dos "Três ensaios sobre a teoria da sexualidade" (1905); têm ímpetos, vontades e impulsos agressivos relacionados ao psiquismo desde o nascimento – como vimos no Capítulo 2.

Outra psicanalista que se propôs a descobrir e a enunciar esse mundo conflituoso e interno das crianças foi Melanie Klein, que, diferentemente de Freud, foi *mãe* e pôde constatar na própria *carne* os efeitos desse lugar. As teses kleinianas versam sobre a *voracidade infantil* e a polêmica concepção de *inveja inata*.

Para a autora, as pulsões destrutivas do bebê, que são inerentes à sua existência e se manifestam desde o princípio da vida, agem de forma direta sobre o vínculo com a figura materna. Mesmo um ambiente suficientemente bom, a seu ver, pode ser destruído pelos impulsos destrutivos advindos da pulsão de morte.

A criança da psicanálise é uma criança *real, imperfeita* e, sobretudo, *humana*. Por isso, é importante olharmos para os filhos quando observamos as mães.

Dois pesos, duas medidas. Ora, do mesmo modo que é difícil para uma mãe suportar as malcriações de uma criança birrenta, perdendo a paciência quando atinge o seu limite, para nós é doloroso ver uma criança chorando sem receber os cuidados de sua criadora. Tais cenas nos invadem em diversos momentos do filme, desvelando a nossa própria condição de vulnerabilidade – por isso mencionei anteriormente que a história denuncia o *infamiliar* que habita em nós.

Enquanto presencia todos esses impasses entre Nina e Elena, Leda é atordoada por memórias traumáticas de sua maternidade turbulenta. Recorda-se das inúmeras vezes em que perdera a paciência com suas filhas, de todos os momentos em que não deu carinho e atenção a elas e, principalmente, do sentimento de solidão e melancolia que a invadia por ter sido mãe tão precocemente e ter se privado de seus sonhos pessoais e profissionais.

Leda também se lembra da própria mãe e de como era ser apenas filha de uma mulher que, pelo pouco que vemos, havia lhe privado de carinho e afeto.

O impacto das recordações é enorme, e Leda sai correndo da praia, em direção ao seu quarto. No caminho, uma pinha despenca da árvore e cai em suas costas, ocasionando um machucado. Seria uma alusão ao peso da culpa? Das feridas do passado que somos obrigados a carregar como fardos quando se tornam ressentimentos?

Entrando no quarto, ela se assusta ao perceber que a boneca de Elena está em sua bolsa e, por algum motivo, demora para conseguir devolver o brinquedo à menina – acompanhamos essa saga até os minutos finais do filme. Nesse instante, a diretora nos lança outro flashback, e somos remetidos a uma lembrança de Leda entregando uma boneca, muito parecida com a de Elena, para a filha Bianca.

Num momento de raiva, a menina rabisca todo o rosto da boneca que pertencia à mãe, e elas iniciam uma discussão como se fossem *duas crianças*. Leda perde a paciência, toma a boneca da mão de Bianca e atira o brinquedo pela janela do apartamento, que se espedaça lá embaixo.

É a infância perdida que se fragmenta? A infância das filhas que sofrem nas mãos de uma mãe estressada? Ou o infantil de Leda que sequer teve a oportunidade de existir? O que, de fato, estilhaça?

Vale a pena examinar tal cena sob a escrita *visceral* de Ferrante. Vejamos:

> Encontrei Bianca sentada sobre Mina como se fosse um assento e, enquanto isso, ela brincava com sua boneca. Mandei que se levantasse na mesma hora, não devia estragar uma coisa tão querida da minha infância, era uma menina muito má e ingrata. Foi exatamente o que eu disse, ingrata, e gritei, acho que gritei que tinha errado em dar a boneca para ela, era a minha boneca, eu iria tomá-la de volta. Quantas coisas fazemos e dizemos às crianças na privacidade das casas... Bianca já tinha um caráter frio, sempre tinha sido assim, engolia ansiedades e sentimentos. Ela ficou sentada em cima de Mina e apenas disse, articulando as palavras como faz, ainda hoje, quando declara suas próprias vontades como se fossem as últimas: não, é minha. Então, dei-lhe um empurrão terrível; era uma menina de três anos, mas, naquele momento pareceu-me mais forte do que eu.[14]

A filha perdida é uma *espiral da maternidade*, da casca de laranja que não podia ser rompida enquanto fosse descascada por Leda a pedido das filhas pequenas; dos vínculos impossíveis de serem desfeitos; *sanguíneos, intrincados, profundos* e, por isso, agentes de tanta indignação.

Nina tenta ser uma ótima mãe, mas é assombrada pelo inconcebível desejo de não ter tido Elena. O quanto

---

[14] Ferrante, E. (2009). *A filha perdida*. Rio de Janeiro: Intrínseca.

sua vida seguiria por rumos diferentes caso isso não tivesse acontecido. Hipóteses... sonhos... alternativas. *Ser ou não ser mãe?* Eis a questão. Nina e Leda foram mães jovens, desamparadas por maridos ausentes, cheias de vida e de oportunidades que tiveram de ser renunciadas.

É instigante o fato de que as personagens centrais do filme são mulheres, meninas, atravessadas pela dor do desamparo e unidas por uma única característica: todas foram ou estão psiquicamente *perdidas*.

Trauma e desamparo: como ser mãe se não pude ser filha?

> [...] num quarto onde existe uma única vela, a mão colocada perto da fonte luminosa pode obscurecer a metade do quarto. *O mesmo ocorre com a criança se, no começo de sua vida, lhe for infligido um dano, ainda que mínimo: isso pode projetar uma sombra sobre toda a sua vida.* É muito importante entender a que ponto as crianças são sensíveis; mas os pais não o creem; não podem imaginar a extrema sensibilidade de seus filhos e comportam-se, na presença deles, como se as crianças nada sentissem diante das cenas excitantes a que assistem.[15]

---

[15] Ferenczi, S. (2011). A adaptação da família à criança. In: S. Ferenczi. *Psicanálise: IV* (Vol. 4, pp. 5-6 [grifo nosso]) (Coleção Obras completas). São Paulo: Martins Fontes (obra original publicada em 1927).

Essa citação de Sándor Ferenczi assinala uma das questões essenciais da humanidade, embora ainda pouco compreendida pelos adultos: *os impactos permanentes e traumáticos no psiquismo de uma criança que não fora bem acolhida por sua família ou pelo ambiente que a cerca.*

"É muito importante entender a que ponto as crianças são sensíveis", nos adverte o autor. Logo, será praticamente impossível exercer uma relação de cuidado pelo outro para quem jamais passou por essa experiência ao longo da vida.

No filme, ao chegar ao quarto que havia reservado para passar as férias, Leda dirige-se à mesa da sala, onde "havia uma grande bandeja de pêssegos, ameixas, peras, uvas e figos. A bandeja brilhava como em uma *natureza-morta*".[16] Sentindo fome, caminha até ela para pegar um fruto e descobre que, por debaixo da bela aparência, as frutas estavam *velhas ou podres*.

É necessário ter em mente que uma experiência traumática não se resume apenas ao ato de uma agressão física ou de um abuso sexual; ela pode ser algo bem mais sutil, como a vivência de um constante desamparo que exceda os limites do *suportável*.

Sobre a inscrição do trauma – quando a vivência real invade o plano psíquico –, não é possível haver recalque, já que o ocorrido ultrapassa qualquer possibilidade de inscrição psíquica. Nessa situação, o Eu, então, se cinde em duas partes que não mantêm contato entre

---

[16] Ferrante, E. (2009). *A filha perdida*. Rio de Janeiro: Intrínseca.

si: *um Eu que sabe e um Eu que sente*. Essas partes não se comunicam e ficam dissociadas.

O Eu que estabelece relações com o mundo permanece anestesiado e, com isso, pode acabar *amadurecendo rápido demais*, como os frutos que ficam maduros antes do tempo estimado, devido às bicadas dos pássaros, analogia usada por Ferenczi: "Pensa-se nos frutos que ficam maduros e saborosos depressa demais, quando o bico de um pássaro os fere, *e na maturidade apressada de um fruto bichado*".[17]

Já o Eu que sente permanece afastado do mundo externo, a fim de manter protegida a criança que fora psiquicamente afetada pela vivência traumática. Essa clivagem é uma defesa do sujeito para não sucumbir à dor e à desorganização que lhe foram impostas de fora, forçadamente.

Leda seria, então, uma espécie de fruto bicado? Por conta das experiências dolorosas vividas com a mãe,[18] por quem mantinha um profundo ressentimento, ela teria sido obrigada a amadurecer

---

[17] Ferenczi, S. (2011). Confusão de línguas entre os adultos e a criança. In: S. Ferenczi. *Psicanálise: IV* (Vol. 4, p. 119 [grifo nosso]) (Coleção Obras completas). São Paulo: Martins Fontes (obra original publicada em 1933).

[18] Em uma passagem do livro, a título de exemplo, Leda relembra um desses episódios traumáticos vivenciados com a mãe. Cito-a: "Cada estalo ou ruído surdo de pinha seca e a cor escura dos pinhões me lembram a boca da minha mãe, que ria enquanto esmagava as cascas, extraía os frutos amarelinhos e os dava para minhas irmãs, que os pediam ruidosamente, e para mim, que os esperava calada. Ou então os comia ela mesma, sujando os lábios de pó escuro e dizendo, para me ensinar a ser menos tímida: para você, nada, você é pior do que uma pinha verde".

precocemente, clivando o seu Eu numa parte que sabe e outra que sente?

É bastante curioso que a nossa personagem principal tenha saído tão cedo de casa – local que ela nomeava "carinhosamente" de *inferno* – e optado por ser mãe ainda muito jovem. Além disso, sua inteligência altamente sofisticada a transformou em uma grande referência de sua área de atuação: a literatura comparada.

Estaríamos diante de uma parte que *tudo sabe*?

No que tange a esse aspecto, em certa parte do livro de Ferrante, Leda nos revela uma peculiaridade de seu comportamento em estados de extrema angústia: "Deitei-me na cama, apoiei os travesseiros na cabeceira e comecei a estudar com vigor, enchendo páginas inteiras com anotações. *Ler e escrever sempre foram a minha forma de me acalmar*"[19] – tais cenas estão presentes no filme, embora não com a riqueza dessas descrições.

Quando, por alguma razão da vida, somos obrigados a amadurecer rapidamente, parte de nossa estrutura psíquica fica ferida e apodrece em virtude das bicadas dos pássaros, representadas pelas ações de um mundo externo tão cruel, incapaz de nos receber com o amor esperado.

Essa parte "machucada" nada sentirá e ficará restrita, fundamentalmente, ao campo da *racionalização*, pois o seu precoce desenvolvimento é obtido a duras penas, por ausência de alternativas. O preço que se

---

[19] *Ibidem*, grifo nosso.

paga é a *escassez de sentimentos ou a dificuldade extrema de lidar com eles*.

Mas isso não torna Leda uma mãe má. Ela é simplesmente uma *vítima* da negligência, da falta de amor. Um produto de tudo aquilo de que fora privada.

Diante disso, como retribuir aos outros o que não tivemos? Como ser uma boa mãe quando não houve a oportunidade de *ser* filha, já que ela não exerceu esse lugar legitimamente?

Roubar a boneca de Elena não poderia significar uma tentativa inconsciente de *resgatar* a sua infância e, por conseguinte, as falhas de sua função materna? É interessante que, ao longo do filme, Leda cuidará dessa boneca com muito carinho e dedicação, comprando roupinhas novas, limpando cada rabisco em seu corpo e escovando frequentemente seus cabelos.

Tais ações representariam uma maneira de cicatrizar ou elaborar as feridas de uma existência marcada pela culpa, pelo remorso e pelo ressentimento?

Nesse âmbito, ao falar de saúde, Winnicott nos dirá:

> Não há dúvida de que a grande maioria das pessoas dá como certo que se sente real, porém a que preço? Em que medida estão negando um fato, especialmente o fato de que poderia haver o perigo de se sentirem irreais, de se sentirem possuídas, de sentirem que não são elas mesmas, de "caírem para sempre", de perderem a orientação, de serem descoladas do próprio corpo, de serem aniquiladas, de não serem

nada e não estarem em lugar nenhum? A saúde não está associada à *negação* de coisa alguma.[20]

O autor é bem preciso e pontual ao escrever que a saúde não está associada à *negação* alguma. Na busca pela paz interior e pelo esquecimento dos problemas, um momento que deveria ter sido dedicado ao lazer, passa a ser, desde o início, um período de profundas *reflexões* e *indagações* para Leda.

Aliás, várias coisas a perturbam e a convidam a sair da negação: a luz do farol que incide sobre o seu quarto, o barulho de uma cigarra que surge em seu travesseiro na hora de dormir, o alvoroço da família italiana que acompanha Nina, o choro incessante de Elena etc.

Winnicott diferencia-se dos demais autores da psicanálise, pois é o primeiro a propor a concepção de uma teoria *do desenvolvimento maturacional*, em que todos nós partimos de uma tendência inata à integração, mas dependemos *integralmente* do ambiente para que ela possa acontecer desde os primórdios da vida – estágio que o autor vai denominar "dependência absoluta".

Grosso modo, a integração contínua implica o aumento da capacidade de lidar com os diversos tipos de realidade, o que significa dizer que em cada ponto desse processo haverá limites. Quando alguma coisa acontece para além dessa capacidade – o que certamente dependerá de cada indivíduo e de cada ambiente –,

---

[20] Winnicott, D. W. (2021). O conceito de indivíduo saudável. In: D. W. Winnicott. *Tudo começa em casa* (p. 23 [grifo nosso]). São Paulo: Ubu Editora (obra original publicada em 1967).

teríamos uma quebra na *continuidade de ser*, resultando na interrupção do processo de amadurecimento.

Sob essa perspectiva, é absolutamente normal que possamos *regredir* aos estágios da vida que ficaram "congelados" diante de um evento traumático vivenciado no passado. Ao reviver uma gama de experiências relacionadas à maternidade por meio das interações entre Nina e Elena, Leda passa a atribuir outro sentido às próprias experiências. Tudo isso acontece em um cenário de praia, mar, chuvas, tempestades e ventanias; a turbulência da vida, que, paradoxalmente, também pode representar *recomeço*.

Nossa personagem principal vai, gradativamente, retirando as suas memórias traumáticas debaixo do tapete psíquico e atribuindo outros sentidos a todas elas. Um processo que causa dor, sofrimento e, acima de tudo, *angústia*. Afinal, não tem como fugir da realidade quando ela está dentro de nós.

Maternidade e machismo

> A agressividade inata está destinada a ser incrementada por circunstâncias externas desfavoráveis e, de modo inverso, é mitigada pelo amor e pela compreensão que a criança pequena recebe. Esses fatores continuam a operar através de todo o desenvolvimento. No entanto, embora a importância das circunstâncias externas seja cada vez mais reconhecida, a importância dos fatores internos

ainda tem sido subestimada. Os *impulsos destrutivos*, variáveis de indivíduo para indivíduo, são parte integrante da vida mental mesmo em circunstâncias favoráveis. [...] *A luta entre amor e ódio* – agora que nossa capacidade de compreender o bebê aumentou – pode ser em alguma medida reconhecida através da observação cuidadosa.[21]

Minha mãe costuma contar que até os 3 meses de idade eu chorava tanto que, às vezes, ela tinha vontade de "me jogar pela janela". Hoje, ela jura que é brincadeira, mas sabemos que era verdade. A sorte é que meu pai estava por perto e, com o intuito de ajudá-la, se propunha a ficar comigo para que ela pudesse descansar por algumas horas. Então, ele permanecia imóvel no chão do quarto, enquanto eu cochilava belo e tranquilo em cima de sua barriga.

A questão é que, quando uma mulher se torna mãe, ela deixa de ocupar *exclusivamente* o lugar de filha. Precisa não somente lidar com um turbilhão de transformações fisiológicas e emocionais, mas, sobretudo, psíquicas. O próprio Freud nos dirá que esse é um dos processos mais difíceis da vida de uma mulher. "O afastamento em relação à mãe é um passo altamente significativo no desenvolvimento da

---

[21] Klein, M. (1991). Nosso mundo adulto e suas raízes na infância. In: M. Klein. *Inveja e gratidão e outros trabalhos* (1946-1963) (p. 283 [grifo nosso]). Rio de Janeiro: Imago (obra original publicado em 1959).

garota, é mais que uma simples mudança de objeto",[22] revela o autor.

Existe um provérbio africano que diz: "*É preciso uma aldeia inteira para educar uma criança*". Nesse sentido, presumir que os cuidados de um bebê dependam exclusivamente da mãe é um pensamento que denuncia o legado machista de nossa realidade social, cultural e histórica.

E, não, não estou aqui santificando Leda como uma mãe justa e ideal, tampouco como modelo a ser seguido. É claro que houve falhas, erros e negligências na criação das filhas. Inclusive uma das cenas mais angustiantes que versam sobre esse tema retrata o momento em que Bianca corta o dedo tentando descascar a laranja como a mãe fazia – sem romper a casca –, implorando por um beijo de "cura" que Leda friamente lhe nega, pois estava furiosa e revoltada com o fato de ter que cuidar das meninas sozinha, tendo em vista que, naquela mesma ocasião, o marido estava ao telefone, em uma ligação importante de trabalho.

O que nos esquecemos, contudo – ou não temos o trabalho de reparar –, é que Leda também estava concentrada em seus estudos quando o incidente ocorre.

Aqui está a importância de a gente perceber a complexidade abordada pelo filme. Nossa personagem principal é condenada por seguir a própria vida, dando prioridade à carreira profissional, decisão que

---

[22] Freud, S. (2010). Sobre a sexualidade feminina. In: S. Freud. *Obras completas*: o mal-estar na civilização, novas conferências introdutórias à psicanálise e outros textos (1930-1936) (Vol. 18, p. 391) (P. C. de Souza, Trad.). São Paulo: Companhia das Letras (obra original publicada em 1931).

a faz ficar três anos afastada das filhas. Leda relata tal episódio a Nina e diz que o tempo que passou sem as meninas havia sido maravilhoso. No entanto, ao ser questionada por Nina por que decidira voltar, ela responde com os olhos cheios de lágrimas: *"Porque eu sou mãe e senti saudades. Sou egoísta"*.

A última cena nos mostra Leda recebendo uma ligação de Marta e Bianca perguntando como ela estava e dizendo que sentiam saudades. Ela responde sorrindo e emocionada, enquanto descasca uma laranja sem romper a casca. Apesar dos erros do passado, ela reedita o elo que tem com as filhas e se alegra ao ouvir a voz delas.

A maternidade é uma contínua prova de fogo. É um lançar-se no escuro sem conhecer as inconsistências do destino. Não há anjos e demônios nessa história. A certeza que há é a *impossibilidade* de ser mãe quando nunca se foi filha. Julgar Leda seria impregnar de moral as adversidades da existência humana. O filme é cruel, por vezes sufocante, mas é o retrato de uma vida que, embora imperfeita, é possível ser reescrita – quando existem razões para mudar. É sobre isso!

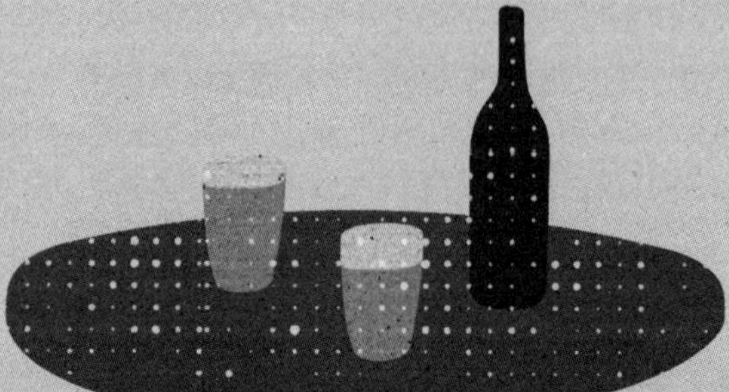

Capítulo 4
—
A síndrome do impostor e a psicanálise
—

Para início de conversa

> Entre o desejo de ser
> e o receio de parecer
> o tormento da hora cindida
>
> Na desordem do sangue
> a aventura de sermos nós
> restitui-nos ao ser
> que fazemos de conta que somos.[1]

Você provavelmente já deve ter visto no feed das suas redes sociais ou ter escutado em algumas rodas de conversa o assunto que vamos tratar ao longo deste capítulo: *a síndrome do impostor* ou *fenômeno do impostor* – tão em voga na atualidade, ainda mais no mundo corporativo e capitalista.

Trata-se de um fenômeno em que pessoas capacitadas – independentemente da área de atuação – sofrem de uma *impotência ilusória*, acreditando que sejam realmente incompetentes para realizar alguma tarefa ou objetivo, mesmo que tenham aptidão para tal.

Além disso, esses sujeitos "diagnosticados com essa síndrome" subestimam as próprias habilidades e chegam a acreditar que outros indivíduos menos talentosos são mais competentes do que eles próprios.

Cabe salientar aqui que a *síndrome do impostor* não consiste em uma desordem ou distúrbio

---

[1] Couto, M. (2016). *Poemas escolhidos* (p. 99). São Paulo: Companhia das Letras.

psicológico, pois *ainda* não foi inserida como categoria no Manual de Diagnóstico e Estatístico de Transtornos Mentais (DSM-5) ou na Classificação Estatística Internacional de Doenças e Problemas Relacionados com a Saúde (CID-10) (grandes referências de psiquiatria de nossa época).

Lembramos também que, por mais que isso venha a acontecer algum dia – coisa que não duvido, tendo em vista que caminhamos cada vez mais para a *categorização* do humano e do sofrimento –, a psicanálise não se orienta por esses manuais. Como fora mencionado em diversas passagens deste livro, trabalhamos com a ética do desejo e com o sujeito do inconsciente.

Pessoas que sofrem com esse tipo de síndrome – de forma permanente, temporária ou frequente – parecem incapazes de internalizar os seus feitos na vida, não importando o nível de sucesso em sua área de estudo, pesquisa e trabalho ou quaisquer que sejam as provas externas de suas habilidades. Elas não se acham efetivamente merecedoras do sucesso ou reconhecimento de que dispõem ou podem vir a conquistar. *Grosso modo*, elas se julgam uma *fraude*.

Há estudos, inclusive, que indicam que as vítimas mais comuns desse tipo de síndrome pertencem ao gênero feminino.[2] Nesse âmbito, é preciso considerar que devemos isso ao nosso meio cultural predomi-

---

[2] Carvalho, P. (2018, 20 de março – atualizado em 2021, 22 de maio). Síndrome da impostora pode prejudicar mulheres no trabalho. *IstoÉ*. Recuperado de https://istoe.com.br/sindrome-da-impostora-pode-prejudicar-mulheres-no-trabalho/.

nantemente machista e à sociedade dominada pelos ideais do patriarcado. Não é incomum identificarmos, vez ou outra, mulheres bem-sucedidas em profissões *tipicamente ocupadas por homens* que acreditam não possuir a maestria suficiente para a realização de tamanha atividade.

Recentemente, uma declaração feita pela diretora de operações do Facebook, Sheryl Sandberg, chamou a atenção da imprensa internacional e foi parar nos assuntos mais comentados da internet: "Ainda há dias em que acordo com a sensação de ser uma fraude; não estou certa de que deva estar onde estou".[3]

Embora as mulheres tenham conquistado cargos de chefia em grandes companhias, a presença feminina em funções executivas ainda é pequena. Uma pesquisa realizada em maio de 2021,[4] pelo site de empregos Catho, mostrou que a diferença salarial entre homens e mulheres chega a quase 53%, além de indicar que as profissionais do gênero feminino ainda são minoria nos cargos de gestão.

Valeska Zanello, uma expoente pesquisadora sobre o feminismo e a desigualdade de gênero, nos revela que esse sentimento é o retrato da prescrição socialmente destinada ao *ser mulher*: "Devem ser dóceis, amorosas, devotadas, recatadas e, sobretudo, amantes. A exigência social para que cumpram este padrão preestabelecido aprisiona as mulheres ao desejo do

---

[3] *Ibidem.*

[4] *Ibidem.*

outro, silenciando-as em uma vivência de impotência, apagada".⁵

Uma amiga dedicada à carreira profissional passou por incertezas ao ser convidada para chefiar uma equipe de 15 pessoas na empresa em que trabalha há mais de seis anos.

Antes especialista e agora promovida a coordenadora, achou que não daria conta das demandas e chegou a duvidar da própria capacidade. Ela me contou o seguinte: "Fiquei muito insegura e tive crises de ansiedade, pois não seguia os *padrões normais* da área em que atuo. Apesar do entusiasmo com essa nova oportunidade, não me sentia 100% apta para assumir a função, pois, até eu entrar, somente homens ocupavam esse cargo".

Há de se considerar, no entanto, que ouvimos esse mesmo sofrimento por parte de pessoas pertencentes ao gênero masculino – ainda que com menor intensidade. Ele é comumente encontrado no mundo acadêmico, especialmente entre os estudantes de pós-graduação. Não é atípico observarmos alunos que ingressam no processo seletivo de um mestrado ou doutorado se denotarem incapazes, desistindo do percurso no meio do trajeto, inclusive.

Esses indivíduos, assolados pela insegurança, não se engajam nas discussões em sala de aula e, muitas vezes, ficam encolhidos em algum canto pensando: *Como*

---

⁵ Zanello, V., Fiuza, G., & Costa, H. S. (2015, setembro-dezembro). *Saúde mental e gênero*: facetas gendradas do sofrimento psíquico. Fractal: Revista de Psicologia, 27(3), 238-246.

eu vim parar aqui? ou *Essa vaga poderia pertencer a alguém mais preparado do que eu!*. Relatos de amigos dessa área coincidem justamente sobre esse aspecto. Sentem-se ameaçados pelas intimidações de seus orientadores e/ou colegas de classe.

Em suas mentes, avaliam que conseguiram uma vaga na pós-graduação *stricto sensu* por pura sorte, e não por mérito.

Entretanto, todas essas configurações de sofrimento psíquico não são nenhuma novidade para a teoria psicanalítica, pois, em 1916, Freud escreve um texto chamado "Alguns tipos de caráter encontrados na prática psicanalítica", em que ele aponta três estruturas de personalidade que aparecem com certa frequência na clínica – daquele tempo e ainda hoje (pasmem!). São elas:

1) As exceções.
2) Os que fracassam no triunfo.
3) Os criminosos por sentimento de culpa.

Apesar de o ensaio ser inteiramente rico e valioso para a compreensão de modelos específicos de algumas formas de subjetivação, vou me valer do que Freud definiu, precisamente, em "Os que fracassam no triunfo", com o objetivo de estruturar uma possível hipótese psicanalítica acerca do que seria a síndrome do impostor interpretada pelas ideias freudianas.

A síndrome do impostor e o complexo de Édipo para Freud

> Tanto maior será a surpresa, mesmo a confusão, quando o médico descobre que às vezes as pessoas adoecem justamente quando veio a se realizar um desejo profundamente arraigado e há muito tempo nutrido. *É como se elas não aguentassem a sua felicidade*, pois não há como questionar a relação causal entre o sucesso e a doença.[6]

Nos guiando inicialmente por essa citação de Freud, podemos pensar o porquê de determinadas pessoas que estão para receber (ou já receberam) uma promoção no trabalho – que poderá mudar o destino de suas vidas – não se sentirem dignas de tal ascensão.

Acontece que, no dia da almejada promoção, esses indivíduos adoecem ou se colocam numa situação de impotência inexplicável. Há exemplos de sujeitos que ficam realmente de cama com enxaquecas desnorteantes, dores nas costas paralisantes, com náuseas, acometidos por algum mal-estar aparente etc. Os médicos, por sua vez, ao não encontrar a raiz do problema em questão (e sem alternativas), lhes prescrevem um belo atestado, recomendando o devido repouso ou afastamento por determinado período.

---

[6] Freud, S. (2010). Alguns tipos de caráter encontrados na prática psicanalítica. In: S. Freud. *Obras completas*: introdução ao narcisismo, ensaios de metapsicologia e outros textos (Vol. 12, p. 261 [grifo nosso]) (P. C. de Souza, Trad.). São Paulo: Companhia das Letras (obra original publicada em 1916).

Desse modo, a promoção obviamente ficará comprometida, tal como a oportunidade de crescimento profissional e pessoal. Mas não é só isso. A *autoestima* do indivíduo também sofrerá alterações que vão desestabilizar, ainda mais, o seu sentimento de autoconfiança.

Acompanhemos as ideias de Freud. Analisando uma peça de Shakespeare – *Macbeth* –, o autor vai tecer algumas considerações sobre a culpa que acomete uma das personagens centrais. Ele se interroga: *Por que Rebeca, uma grande aventureira de vontade livre e ousada, que até então havia feito tudo para a concretização de seus desejos, quando está prestes a realizá-los se recusa a colher os frutos do sucesso?*

Citando uma passagem da peça, Freud nos informa que a própria personagem nos fornece a explicação de sua autossabotagem: "É justamente isso o mais terrível, que agora – quando toda felicidade do mundo me é entregue nas mãos – eu me tenha tornado uma pessoa cujo caminho para a felicidade é *obstruído pelo próprio passado*".[7]

Freud nos relata que o sentimento de *culpa inconsciente* toma conta do sujeito de tal forma que lhe impede de aproveitar o lugar que conquistou. Todavia, não é apenas uma culpa qualquer, mas algo que *provém do passado*. A pergunta que fica é: Qual seria a sua origem?

Bom, sabemos que a *pedra angular* da teoria freudiana é o complexo de Édipo. É a partir dele que o nosso autor nos diz que essa culpa, muitas vezes, está

---

[7] *Ibidem*, p. 275.

relacionada a um desejo impróprio e inaceitável de destruição dirigido às figuras paterna ou materna, presente desde os estágios mais precoces de nossa vida psíquica, mas que ganhará uma intensidade maior justamente no período de ápice do conflito edipiano – por volta dos 3 e 4 anos.

Esse sentimento de culpa consome a criança tão profundamente que, ao se tornar adulta – e por que não ainda na infância? –, não conseguirá se apropriar das próprias conquistas.

Nesse sentido, a fruição dos bens conquistados ao longo do desenvolvimento vital é *invalidada* em decorrência de uma punição que o próprio sujeito se autodesigna como uma forma de cumprimento dos imperativos oriundos de sua *lei interna*. Em outras palavras: *as injunções moralistas do Supereu* – que, para Freud, tem uma base filogenética, constituída pela herança de nossa espécie e estruturada pela interdição do desejo incestuoso.

Diante disso, é possível constatar, com base na teoria freudiana, que a síndrome do impostor estaria ligada a um sentimento de *não merecimento* de algo bom que fosse conquistado pelo próprio esforço – ou atribuído pelos outros como um reconhecimento de nossas virtudes.

Na história original, o pobre Édipo fura os próprios olhos com os broches da mãe, Jocasta, que se enforca ao saber que tinha se casado com o próprio filho. Soma-se a essa tragédia o remorso eterno de ter matado, mesmo sem saber, o próprio pai, o rei Laio. A vida de Édipo seguirá triste e penosa, com ele se tornando um mendigo e pedindo esmolas pela cidade de Tebas, guiado pela filha Antígona.

Um mártir? Um carma? Uma maldição? Ou tudo isso junto e combinado, compondo a força esmagadora sobre as fundações psíquicas do mísero neurótico?

Freud, no entanto, nos dirá que se trata nada menos do que o puro desejo incestuoso e a culpa resultante dos próprios *pensamentos impróprios*. Sentimento esse inconsciente e difícil de ser desfeito, inerente à nossa existência subjetiva, que invade o cenário da vida mesmo sem o nosso consentimento.

A prática clínica nos apresenta tais situações de forma bastante real e sensível. Lembro-me de um paciente, filho de um pai muito bem-sucedido, que toda vez que recebia uma oferta de promoção no trabalho adoecia fisicamente ou arranjava uma desculpa incoerente para não assumir o cargo. Não se considerava digno ou capaz.

A verdade é que, simbolicamente, caso "superasse" o pai no quesito profissional, estaria derrubando a lei, desautorizando a figura paterna, ou seja, apagaria a imagem idealizada daquele *soberano* perfeito que jamais poderia ser destituído.

A essa altura do campeonato, vocês já podem presumir a proporção do trabalho que foi feito com a intenção de desfazer tais amarrações inconscientes.

A síndrome do impostor: Melanie Klein e o superego arcaico

A análise de crianças pequenas revela que a estrutura do superego é montada a partir de identificações que datam de períodos e estratos muito diferentes da vida mental. [...] Podemos ver nelas [nas identificações], também, uma explicação para o rigor do superego, que se manifesta de forma muito clara na análise dessas crianças. Não parece claro que uma criança de quatro anos, por exemplo, deveria criar em sua mente uma imagem irreal e fantástica de pais que devoram, cortam e mordem. No entanto, é fácil explicar por que numa criança com cerca de um ano a ansiedade criada pelo início do conflito edipiano toma a forma do medo de ser devorada e destruída. *A própria criança deseja destruir o objeto libidinal mordendo-o, devorando-o e cortando-o em pedaços. Isso dá origem à ansiedade, pois o despertar das tendências edipianas é seguido pela introjeção do objeto, do qual agora se espera a punição. A criança passa a temer um castigo que corresponda à ofensa: o superego se torna algo que morde, devora e corta.*[8]

Levando em consideração que a psicanálise não foi feita exclusivamente por Freud, é importante pensarmos como se apresenta esse mesmo estado de

---

[8] Klein, M. (1996). Estágios iniciais do conflito edipiano. In: M. Klein. *Amor, culpa e reparação e outros trabalhos* (p. 237 [colchetes e grifo nossos]). Rio de Janeiro: Imago (obra original publicada em 1928).

sofrimento psíquico – *a síndrome do impostor* – na perspectiva de outros autores.

Considero essa estratégia de procurar entender um mesmo fenômeno por meio de múltiplas lentes bastante favorável à compreensão da origem dos sintomas e dos seus sentidos, assegurando uma visão muito mais abrangente acerca da subjetividade humana.

Logo, nesta parte do texto, iremos nos amparar nas ideias de Melanie Klein e suas concepções inovadoras a respeito do superego arcaico.

À primeira vista, tomando como referência o trecho citado, parece que estamos lendo uma passagem de um conto de terror, com direito a *assassinato em série* e tudo o mais – cortar, devorar, morder e aniquilar realmente são palavras que causam grande impacto no leitor desavisado. Mas, não, não estamos descrevendo uma das cenas sangrentas ao estilo de Quentin Tarantino. É real, mesmo que em fantasia.

Justamente é com esse estilo visceral que se configura a genialidade de Klein. Nossa autora se joga na investigação do psiquismo "sem medo de ser feliz", e pinta o retrato de nosso mundo interno, sem qualquer tipo de censura. Uma pintura surrealista da alma humana. O estilo kleiniano nos remete às letras desenhadas pela saudosa Fernanda Young por meio da poesia:

> Eu bordo o labirinto quente das minhas veias.
>
> Repito as palavras como mantras, nas voltas que a agulha faz.
>
> Por vezes me furo e não o pano, gosto de levar esse susto.

É a digital de sangue que deixo ali: minhas lágrimas,
cervejas, rompantes.
Se me revelo expondo as fraquezas, confusão, raiva.
Não me constranjo.
Há muito cansei de
Desculpar-me.
Sou essa, e aceito não ser querida.
Se me arrependo de algo,
Digo aqui e bordarei:
Foi ter saído de mim,
Para deixar alguns entrarem.[9]

Pois bem, os estudos psicanalíticos de Melanie Klein sobre a análise de crianças pequenas mostraram que era possível encontrar regularmente um superego em pacientes antes dos 3 ou 4 anos, contrariando as indicações dos apontamentos freudianos. Em seus registros clínicos, ela nos relata:

> Nos casos que analisei, o efeito inibidor do sentimento de culpa já se manifestava com clareza numa idade muito tenra. O que encontramos aqui corresponde àquilo que conhecemos como superego nos adultos. [...] Os efeitos desse superego infantil sobre a criança são semelhantes aos que o superego exerce sobre o adulto. No entanto, eles são um fardo bem mais pesado para o ego infantil, mais fraco que o do adulto. [...] Contudo, quando libertamos o ego da criança

---

[9] Young, F. (2016). Sou essa. In: F. Young. *A mão esquerda de Vênus*. Rio de Janeiro: Globo Livros.

pequena da neurose, ele consegue enfrentar perfeitamente as exigências que encontra na realidade – exigências que ainda são bem menos sérias do que aquelas feitas aos adultos.[10]

A descoberta de que o superego existia como uma entidade intrapsíquica poderosa anterior à dissolução do complexo de Édipo levantou duas questões urgentes: 1) se ele já estava em plena atividade *antes da resolução edipiana*, que até então justificava a sua origem, como ele surgiria? 2) Por que esse superego rudimentar era *tão severo*?

Primeiramente, a autora mostrou que o caráter cruel do superego arcaico tornava improvável a hipótese de que ele poderia se construir *inteiramente* por meio da experiência da criança com a figura real dos pais. Isso também apoiava suas ideias de que as fantasias inconscientes, expressando tanto impulsos de amor como de ódio, dominam a convivência do bebê com os seus cuidadores iniciais e a alteram profundamente.

Klein concluiu que o superego precoce deveria ser considerado uma confusão de fantasias inconscientes transformadas pelos instintos da criança, resultado de diversas *projeções* e *introjeções*, que, por sua vez, são fortemente impulsionadas pela presença do instinto de morte.

---

[10] Klein, M. (1996). Princípios psicológicos da análise de crianças pequenas. In: M. Klein. *Amor, culpa e reparação e outros trabalhos* (p. 158). Rio de Janeiro: Imago (obra original publicada em 1928).

Aqui, é provável que o leitor se questione sobre o que seria esse instinto de morte que o bebê (*oi?*) projeta e introjeta.

Segundo Melanie Klein, o instinto de morte (ou *pulsão*, dependendo do gosto do tradutor) sempre vai possuir uma característica inata e *destrutiva*.

Devido à atuação de uma *força intensa* exercida por essa energia psíquica, o ego frágil do bebê não encontra alternativa senão a *cisão* como primeiro mecanismo de defesa, ou seja, ele se arrebenta e projeta para o mundo externo toda a sua destrutividade, principalmente quando a mãe (ou a figura materna) o frustra, deixando-o com fome ou algum outro desconforto corporal, por exemplo, dor e sono.

Contudo, devemos pensar que, segundo a lei da física (ou outras leis da vida), tudo que vai, volta. Com efeito, o bebê, ao projetar o seu ódio no mundo exterior, tingirá, igualmente, o mundo com esse sentimento, deixando-o extremamente persecutório e assustador. Por meio da atuação da introjeção, a criança internaliza em seu frágil psiquismo esse ambiente caótico e passa a sofrer ansiedades persecutórias.

A projeção e a introjeção podem, sem dúvida alguma, ser comparadas aos movimentos de expiração e inspiração que fazemos para sobreviver. Assim, eles garantem a sobrevivência nesse começo da vida subjetiva e vão nos acompanhar durante toda a nossa existência.

Cito um caso da vida cotidiana para facilitar a nossa compreensão: se você está numa vibe ruim e recebe um convite para ir a algum lugar, todos os seus sentimentos odiosos serão depositados nesse ambiente. Logo, você voltará para casa achando o lugar péssimo, as pessoas chatas e o "rolê" uma grande perda de tempo. "Era melhor ter ido ver o filme do Pelé", como disse o Chaves em um dos episódios mais consagrados da série.

Nesse âmbito, Klein acredita, portanto, que o superego arcaico e cruel se formará em concomitância com as projeções de diversos sentimentos ruins no mundo externo; quanto mais fazemos isso, mais o nosso ego se enfraquece, e mais ainda os objetos manchados por esse sentimento retornarão ao nosso psiquismo, formando uma espécie de núcleo superegoico extremamente impiedoso e exigente.

Com o passar dos meses, caso haja a predominância de experiências boas sobre as ruins, o bebê será capaz de ir se dando conta, gradativamente, de que a mesma mãe perfeita, por quem nutre um amor legítimo e de quem depende, é igualmente a mãe malvada e cruel que ele ataca com as suas fantasias sádicas.

Nesse período, a criança experimenta muita *culpa* e *remorso* e costuma viver uma experiência de profunda tristeza, ingressando no que Klein denomina a *posição depressiva*, em contraponto à posição anterior, *esquizoparanoide*, na qual predominava o objeto idealmente bom e maravilhoso completamente separado do objeto mau e persecutório – frutos da cisão do ego e, por conseguinte, da figura materna.

Alcançar a posição depressiva e ser capaz de elaborá-la não representa, de modo algum, uma conquista permanente, mas uma prova de maturidade que nos possibilita negociar com as exigências de um *superego tirânico*, uma vez, à medida que nos implicamos como sujeitos, aprendemos a passar por inúmeras frustrações, renunciando ao controle onipotente típico do funcionamento esquizoparanoide.

Na posição depressiva, por outro lado, o superego terá como origem a *culpa* pelos atos de destruição, levando em conta a ausência de uma mãe que fora incapaz de "sobreviver" aos ataques sádicos do bebê – sempre na fantasia (é bom destacar).

Como resultado dessa ausência, encontramos outro tipo de *paralisação*: o indivíduo padecerá de uma culpa eterna que perfura sua carne e impede a sua existência, privando-o de desfrutar de todo e qualquer prazer. Eis aqui o *impostor* que habita o nosso mundo interno deflagrado pelo olhar kleiniano.

"O supereu é cruel, não só porque tenta esmagar a subjetividade do Eu, mas também porque, para dispensar o seu amor ao eu, faz uma exigência impossível de ser cumprida: que o eu renuncie a ser e a existir"[11] – o que certamente fará o sujeito se sentir uma fraude, pois nada será suficiente ante as demandas do superego tirânico.

Portanto, situações da vida cotidiana que poderiam ser encaradas como algo banal – como falar em público, ocupar um cargo profissional diferente, conceder uma entrevista de trabalho, ser escolhido para

---

[11] Minerbo, M. (2019). *Novos diálogos sobre a clínica psicanalítica* (p. 147). São Paulo: Blucher.

liderar uma equipe, participar ativamente de uma aula etc. – tornam-se um verdadeiro sacrifício.

O indivíduo congela e acaba se privando de fazer uma série de coisas que poderiam lhe propiciar algum bem-estar, em virtude das pressões de um superego cruel e arcaico, formado pelas introjeções de um mundo impiedoso e persecutório ou pela culpa de ter exercido as projeções destrutivas. Essa força psíquica impede o sujeito também de reconhecer as próprias virtudes e qualidades, pois sempre se julgará uma farsa diante de uma estrutura que "morde, corta e devora".

Autossabotagem? Síndrome do impostor?

Bom, de acordo com Melanie Klein, isso seria apenas um dos destinos da nossa selvagem e violenta vida psíquica. Tais destinos podem, porém, ser modificados pelo rumo da palavra, da fala e pela predominância do diálogo, desde que haja uma escuta legítima. Esses recursos costumam dar corpo ao nosso mundo interno fragmentado, que, na maioria das vezes, torna-se inominável.

Nomear os demônios seria, portanto, a chave-mestra da análise kleiniana.

Capítulo 5
—

Amar é dar aquilo que não se tem a alguém que não o quer

—

Amor, escrita e a teoria psicanalítica

Eu te amo porque te amo.
Não precisas ser amante,
e nem sempre sabes sê-lo.
Eu te amo porque te amo.
Amor é estado de graça
e com amor não se paga.

Amor é dado de graça,
é semeado no vento,
na cachoeira, no eclipse.
Amor foge a dicionários
e a regulamentos vários.

Eu te amo porque não amo
bastante ou demais a mim.
Porque amor não se troca,
não se conjuga nem se ama.
Porque amor é amor a nada,
feliz e forte em si mesmo.

Amor é primo da morte,
e da morte vencedor,
por mais que o matem (e matam)
a cada instante de amor.[1]

---

[1] Andrade, C. D. de. (2015). As sem-razões do amor. In: C. D. de Andrade. *Corpo* (p. 26). São Paulo: Companhia das Letras.

Nossa conversa de bar está terminando, e não poderíamos deixar de abordar este assunto tão caro à humanidade e à prática psicanalítica: *o amor*.

No podcast, o episódio que inspirou esse texto faz parte de uma série de encontros mais curtos – chamada "Pílulas psicanalíticas" –, com duração de apenas oito minutos. É surpreendente que um episódio tão breve ocupe um lugar de prestígio no pódio dos cinco mais ouvidos, ficando em segundo lugar.

Bom, mas o amor é assim mesmo: *imprevisível*. Pode ser curto, longo, calmo ou intenso – ou tudo isso junto e bagunçado. O importante é *que seja eterno enquanto dure, posto que é chama*, como escreveu Vinicius de Moraes em seu sublime "Soneto de fidelidade".

Partindo dessa premissa, haveria então uma forma *correta* de amar? O que Freud, Klein, Winnicott, Lacan e outros autores poderiam nos ensinar sobre o amor?

Confesso, de imediato, que não me sinto capacitado para falar de amor – pelo menos não em sua totalidade, até porque o amor não é total, tampouco inteiro. Ele é parcial, desmontado e sempre será *incompleto*; tanto na perspectiva de quem ama quanto na de quem é amado. Falar de amor é algo que intimida, mas por quê?

Escrever sobre amor, contudo, é uma tarefa ainda mais complicada, pois se trata de uma exposição direta das nossas partes mais íntimas.

Uma coisa é estarmos a sós com nós mesmos, deitados no chão do chuveiro, deixando a água cair nas costas enquanto pensamos em todos os nossos amores

– amores que são, amores que ficam e amores que vão. Nesses instantes, podemos dizer que estamos na companhia de nosso verdadeiro *self*, de acordo com as ideias de Winnicott. Aquele núcleo interior mais sagrado, impenetrável, que todo ser humano instintivamente tende a preservar.

O autor inglês afirma que "cada indivíduo é um ser isolado, permanentemente sem se comunicar, permanentemente desconhecido, na realidade nunca encontrado",[2] e, nesse âmbito, a desgraça de ser devorado por canibais, violentado ou agredido são "bagatelas comparados com a violação do núcleo do *self*".[3]

O amor é o mergulho em nossa própria intimidade. "*Quantos segredos traz o coração de uma mulher?*", indagou Zé Ramalho. Parafraseio o artista e questiono: "Quantos segredos comporta o coração de quem escreve?".

Por mais que fiquemos nus diante de nossos leitores, somos realmente capazes de revelar a nossa parte visceral, mais secreta? Acredito que sim, mas também acredito que não.

Escrever não é associar livremente. A escrita passa por uma série de filtros – os corretores, os revisores e os editores que o digam, não é mesmo?

Uma escrita somente nos toca quando ela vem das

---

[2] Winnicott, D. W. (1983). Comunicação e falta de comunicação levando ao estudo de certos opostos. In: D. W. Winnicott. O *ambiente e os processos de maturação*: estudos sobre a teoria do desenvolvimento maturacional (p. 170). Porto Alegre: Artmed (obra original publicada em 1963).

[3] *Ibidem*.

entranhas que pertencem ao *mundo interno*. Do mesmo jeito que um psicanalista só fará análise caso se autorize a sentir com a alma. Isso vai muito além da simples racionalidade teórica.

Como em uma história de amor, um analista não pode ser um companheiro silencioso, sem sal e desprovido de graça. Tem que ter fogo, paixão e desejo – não o desejo de cura, de presunção e de onipotência; refiro-me ao *desejo de não saber*, o que é bem diferente. Lacan nos alerta sobre isso e abre o seu coração (que parece frio, mas é tão caloroso que poucos conseguem notar):

> O grave erro é que, com os autores de hoje, a sequência dos efeitos analíticos parece tomada pelo avesso. A interpretação, a seguirmos suas colocações, seria apenas um balbucio, comparada à abertura de uma relação maior onde, enfim, se é compreendido ("por dentro", sem dúvida). A interpretação torna-se uma exigência da fraqueza à qual é preciso acudir. [...] Mas isso é apenas efeito das paixões do analista: *de seu receio, que não é do erro, mas da ignorância, de sua predileção; que não é satisfazer, porém não decepcionar; de sua necessidade, que não é de governar, mas ficar por cima*. Não se trata, em absoluto, da contratransferência deste ou daquele: trata-se da consequência da relação dual, caso o terapeuta não a supere – e como haveria de superá-la, se faz dela o ideal de sua ação.[4]

---

[4] Lacan, J. (1998). A direção do tratamento e os princípios de seu poder. In: J. Lacan. *Escritos* (pp. 601-602 [grifos meus]). Rio de Janeiro: Zahar (obra original publicada em 1958).

É preciso lembrar, todavia, que o inconsciente, como potência subversiva, não pertence apenas ao paciente. *Ele é um universo construído em conjunto* e, quando isso não acontece, "*a resistência sempre será do analista*",[5] como bem nos ensinou Lacan.

Escrever, no entanto, compreende um admirável *jogo de esconde-esconde*, e aqui novamente recorro a Winnicott, pois "*é uma alegria estar escondido, mas um desastre não ser encontrado*".[6] Ora, alguém que escreve sempre se revela, mas não em sua totalidade, do mesmo modo que alguém que ama, caso se disponha a entregar tudo ao objeto amado, ficará sem nada para si.

Contudo, a entrega é necessária (e, por vezes, inevitável). Não toda e literal, mas em certa medida. Se não há entrega, não há amor, como também não haverá textos. Trata-se de saber ir e voltar, da mesma maneira que se manobra um carro em alta velocidade nas tortuosas rodovias da vida.

Escrever, amar e psicanalisar: três coisas que se aproximam no teor de sua complexidade infinita.

No que tange ao campo da clínica, podemos dizer que, atualmente, uma grande parcela – se não a maior de todas – do público que nos procura vem para falar de amor. Embora esse afeto possa nos perturbar e tirar nosso sossego, sendo a causa do nosso mais intenso sofrimento, a verdade é que não somos nada sem ele,

---

[5] *Ibidem*, p. 601.

[6] *Ibidem*, p. 169.

tampouco conseguiríamos encontrar algum sentido se o mantivéssemos a distância.

Aliás, a ausência de amor leva às compulsões, às tristezas profundas, às solidões extremas e às desorganizações mais impactantes em nosso psiquismo. Afinal, *adoecemos quando, por alguma razão, não se pode amar* –, conforme alerta Freud.

No processo analítico, o amor é chamado de *amor de transferência*, e é imprescindível para que o processo terapêutico possa acontecer. É ele que fortalece o laço entre o paciente e o analista. É a potência do segredo da intimidade que leva alguém a permanecer um, dois, quatro, dez ou mais anos em análise com um psicanalista que o conduzirá pelas trilhas do inconsciente, nem sempre previsíveis.

Não obstante, esse será um caminho de turbulências, tempestades, catástrofes, mas também de sol, brisa, calor e paisagens belíssimas talvez nunca visitadas.

Compreendo, portanto, o processo analítico como uma *experiência de amor*, pois se trata, antes de qualquer coisa, de um *encontro humano*, passível de erros e, ao mesmo tempo, de intermináveis possibilidades.

Wilfred Bion (1897-1979), um grande analista britânico e herdeiro das ideias de Melanie Klein, nos dirá:

> Se você disser a um paciente: "Você está sentindo que estou com raiva de você", isso pode ser verdade, mas não tem importância. Assume certa importância se o paciente sente que o mesmo tipo de experiência para o qual o analista chamou sua atenção, acontece em

inúmeras situações fora do consultório. Para colocar a mesma coisa em termos diferentes: a psicanálise, por mais maravilhosa e erudita e por mais brilhante que seja o analista e o analisando, deve *assemelhar-se à vida real*.[7]

De nada adianta tanta erudição se o psicanalista se esquecer do caráter humano e real que atravessa o campo da análise. Ferenczi, em seu diário clínico de 1932, escreverá que o analista que sabe brincar com o seu *não saber* permite-se ser criança, compartilhando com o seu analisando a coragem do gesto criativo; o que implica, essencialmente, que em uma análise haja momentos em que "duas crianças, muitas vezes igualmente desamparadas, tranquilizam-se brincando juntas".[8]

Dos estudos sobre a histeria, Freud (1893-1895) extrai importantes conclusões com relação ao lugar do amor na construção desse sintoma, observando que um aspecto em comum entre essas pacientes é a elevada busca de amor, que, na infância, fora intensamente oferecido a elas pelos pais.

Tomando como ponto de partida a sua experiência clínica, Freud enfatizará o caráter *repetitivo* e *regressivo* do amor, afirmando que, por conta de suas raízes narcísicas – conforme desenvolvemos no Capítulo 2 –,

---

[7] Bion, W. (2014). *The complete works of W. R. Bion*. Brazilian Lectures (Vol. 7, p. 177 [tradução e grifo nossos]). London: Routledge.

[8] Ferenczi, S. (1990). *Diário clínico* (p. 91). São Paulo: Martins Fontes (obra original publicada em 1932).

esse sentimento aspira um *reencontro impossível* com os primeiros objetos introjetados da criança: *os pais ideais e o estado de perfeição e autossuficiência* que um dia pertenceram ao sujeito.

Ao identificar um determinante infantil tanto às origens da neurose quanto às bases que sustentam o amor, Freud elabora seu conceito de *amor de transferência*.

Nessas condições, a transferência surge como peça decisiva do jogo de xadrez psicanalítico, em que o analista será o grande substituto das figuras parentais do analisando e alvo de seu investimento libidinal. Caberá, então, ao analista desbravar os mares turbulentos dessa libido, valendo-se da confiança depositada pelo paciente para o andamento do trabalho terapêutico propriamente dito, a fim de que possam navegar juntos.

No clássico "Três ensaios sobre a teoria da sexualidade", de 1905, Freud anuncia que o primeiro e mais importante vínculo sexual dá-se no contato do bebê com a mãe, durante a amamentação. Nesse período, a figura materna, com suas manifestações de ternura, desperta a pulsão sexual da criança e, posteriormente, qualquer outra busca amorosa representará a procura desse primeiro objeto de amor.

Freud sempre considerou o amor de uma mãe essencial a um filho e teve muita dificuldade para imaginar o oposto disso, partindo de sua história de vida para formular suas hipóteses. Primogênito e adorado por sua jovem mãe, Amalia Nathansohn, que o chamava carinhosamente de "meu Sigi de ouro" (*Mein Goldener Sigi*), estabeleceu com ela um relacionamento privilegiado.

Foi em decorrência desse convívio que elaborou a teoria do complexo de Édipo; inspirado pela admiração romantizada que nutria por sua mãe e pela rivalidade – embora velada – que cultivava por seu pai.

> Consciente do amor que Amalia lhe dedicava, Freud gostava de declarar que, "quando se foi o favorito de sua mãe, conservamos pela vida afora um sentimento conquistador, essa segurança do sucesso que não raro traz o sucesso embutido em si". E ele foi a prova viva do que afirmava, uma vez que esse amor lhe deu coragem *não só para enfrentar a adversidade como para adotar a respeito da morte a atitude de aceitação típica dos que se sentem imortais porque souberam fazer o luto do primeiro objeto de amor: a mãe amante*. A mãe, ou seu substituto, seja ele qual for, seria assim o protótipo de todas as relações amorosas posteriores.[9]

Na história da psicanálise, assim como na da civilização, o amor vai ganhando nuances de sacrifício, heroísmo e melancolia. *Amar é ao mesmo tempo viver e desejar morrer*, mas o que isso representa de fato? Antes de tecer quaisquer considerações, gostaria de novamente recorrer à arte e às palavras cantadas por Zé Ramalho:

---

[9] Roudinesco, E. (2019). *Dicionário amoroso da psicanálise* (p. 13 [grifo nosso]). Rio de Janeiro: Zahar.

> *Quanto tempo o coração leva pra saber*
> *Que o sinônimo de amar é sofrer*
> Num aroma de amores pode haver espinhos
> É como ter mulheres e milhões e ser sozinho[10]

Lembremos, então, o que Freud especulou na mais ousada de todas as suas invenções teóricas e metapsicológicas. Refiro-me ao texto "Além do princípio do prazer", de 1920, em que o autor vai formular a polêmica hipótese da existência da *pulsão de morte*: uma força inconsciente de retorno ao inorgânico, ao estado zero de tensão, uma energia de desligamento. Cito-o:

> Se é lícito aceitarmos, como experiência que não tem exceção, que todo ser vivo morre por razões *internas*, retorna ao estado inorgânico, então só podemos dizer que *o objetivo de toda vida é a morte*, e, retrospectivamente, que *o inanimado existia antes que o vivente*.[11]

Nesse ensaio, a sexualidade, como impulso libidinal, vai receber um significado muito mais amplo. "Dessa maneira, a libido de nossos instintos sexuais

---

[10] Augusto, C., Sérgio, P., & Noam, C. (2005). Sinônimos. In: Z. Ramalho. *Zé Ramalho ao vivo* (faixa 12). Rio de Janeiro: Sony BMG Music.

[11] Freud, S. (2010). Além do princípio do prazer. In: S. Freud. *Obras completas*: história de uma neurose infantil ("O homem dos lobos"), além do princípio do prazer e outros textos (Vol. 14, p. 204 [grifo nosso]) (P. C. de Souza, Trad.). São Paulo: Companhia das Letras (obra original publicada em 1920).

coincidiria com *Eros* dos filósofos e poetas, que mantém unido tudo o que vive".[12]

Assim, a *dualidade pulsional* passa a acontecer entre a pulsão de vida *versus* a pulsão de morte (ou instinto de vida e instinto de morte, conforme a tradução que estou utilizando). É importante salientar, porém, que Freud não as separa, criando uma espécie de dicotomia, como se atuassem de forma *independente* no psiquismo. Pelo contrário, essas forças caminham unidas e, justamente por essa razão, incitam tantas angústias.

Considerando o fato de que somos regidos pelo *princípio do prazer*, quando afirma a existência de um instinto de morte, Freud denuncia que o objetivo do psiquismo será buscar uma satisfação *além do princípio do prazer*; ou seja, a própria destruição ou o estado de inércia, *um retorno ao inorgânico*.

Entretanto, a pulsão de morte nem sempre agirá sozinha. Para ganhar força, ela precisa estar *alinhada a Eros*. Ao trabalharem juntas, elas podem fazer um grande estrago na vida do indivíduo ou de outra pessoa, pois, além de se voltarem para dentro (para o Eu), elas conservam a potência de serem defletidas para fora (aos objetos), tornando-se uma *pulsão destrutiva*.[13] Segundo o autor:

---

[12] *Ibidem*, p. 221.

[13] Essa ideia será delineada com mais precisão em outros textos de Freud, como "Psicologia das massas e análise do Eu" (1921), "O mal-estar na cultura" (1930) e "Por que a guerra?" (1933).

Também nos chama a atenção que os instintos de vida tenham bem mais a ver com nossa percepção interna, pois se apresentam perturbando a paz, trazendo tensões cuja eliminação é sentida como prazer, enquanto os instintos de morte parecem realizar seu trabalho discretamente. O princípio do prazer parece mesmo estar a serviço dos instintos de morte; é certo que vigia também os estímulos de fora, avaliados como perigosos pelas duas espécies de instintos, mas sobretudo os aumentos de estímulos a partir de dentro, que chegam a dificultar a tarefa de viver. A isto se relacionam inúmeras outras questões, que atualmente não é possível responder.[14]

Eros e Tânatos. Amor e ódio. Conservar e destruir. *Dualidades pulsionais* que se estendem ao arcabouço psicanalítico e ampliam o nosso exercício clínico. Opostos que se cruzam numa linha infinita, embora tenham o mesmo princípio ativo em suas origens.

"Suportar o seu ódio seria fácil diante da dor que tem sido suportar o seu amor que não sabe amar", escreve lindamente Ana Suy.[15]

Lacan, ao promover uma releitura da obra freudiana, nos apresenta o interessante conceito de *gozo*, que não é bem um conceito, visto que não apresenta uma definição literal produzida ao longo de seus trabalhos.

---

[14] *Ibidem*, p. 238.

[15] Kuss, A. S. S. (2017). *Não pise no meu vazio*. São Paulo: Patuá.

Com base nas minhas leituras e no meu ponto de vista – o que é preciso salientar aqui –, entendo gozo como uma *junção* das duas pulsões: de vida e de morte, sobressaindo essa última. Até porque, para Lacan, só existirá a pulsão de morte: "[...] *toda pulsão é virtualmente pulsão de morte*",[16] escreve o autor.

Em outras palavras, a pulsão exige a possibilidade de *uma transformação do prazer em gozo*. O que caracteriza o prazer é seu caráter razoável, apaziguador, *sem tensão*; por isso a sua proximidade com Tânatos.

No adoecimento psíquico que se manifestará essencialmente por uma rede intrincada de sintomas, podemos pensar que há um gozo, pois os impulsos sexuais reprimidos serão satisfeitos pela *via do sofrimento*, da dor.

É por isso que (alguns) analistas lacanianos dizem com tanto vigor e veemência: *"Fulano está gozando com essa relação tóxica"*; *"Beltrano está gozando com esse comportamento masoquista"*, entre outros tantos milhares de gozos dessa vida lascada que a gente sustenta sem saber.

É preciso, portanto, subjetivar esse *destino mortal* que damos ao nosso desejo, torná-lo nosso, assumindo a responsabilidade por nossas escolhas. Subjetivar as pulsões é lhes *dar um lugar*, uma importância que é sempre recusada pelo sujeito, devido à sua alienação pelo desejo do Outro. *O amor demanda essa subjetivação*.

Depois de todas essas voltas que demos ao redor desse vasto campo teórico, imagino que tenha ficado mais fácil de o leitor compreender o sentido da

---

[16] Ver Lacan, J. (1998). Posição do inconsciente. In: J. Lacan. *Escritos* (p. 863). Rio de Janeiro: Zahar (obra original publicada em 1964).

expressão de um artista que escreve: "*o sinônimo de amar é sofrer*". Em contrapartida, "de sofrer e de amar, a gente não se desfaz", escreveu Guimarães Rosa. É nesse gigantesco paradoxo que residem as respostas às questões que Freud não foi capaz de responder.

Contudo, ele *especulou* possibilidades. Desafiou a ciência positivista de sua época, do mesmo modo que incomoda, ainda hoje, os apaixonados pelas evidências.

Pergunto-me: seria o humano cabível em alguma evidência? A ciência, em si, não seria a capacidade de se rever e atrever-se? Sobretudo de criar?

O mestre de Viena, que de bobo não tinha nada, e sabendo das críticas ferrenhas que teria que enfrentar, finalizou a maior de todas as suas especulações em grande estilo. Acompanhemos:

> Somente aqueles crédulos, que exigem da ciência um substituto para o catequismo abandonado, se aborrecerão com o pesquisador por desenvolver ou modificar seus pontos de vista. De resto, talvez um poeta (Rückert, nos *Macamas*, de Hariri) nos console pelo vagaroso progresso de nosso conhecimento científico: "*O que não podemos alcançar voando, devemos alcançar claudicando.* [...] *Segundo as Escrituras, não é pecado claudicar*".[17]

Claudicar tem o mesmo sentido de *tropeçar*. É tropeçando que aprendemos a andar. Quem não arrisca

---

[17] *Ibidem*, pp. 238-239.

tropeçar, por medo ou insegurança, tampouco chegará a caminhar, mesmo que lentamente.

Para o amor, se aplica o mesmo. Só amamos quando perdemos o medo de nos machucar.

Não existem amores perfeitos, assim como nunca haverá uma vida sem faltas.

É somente quando toleramos essa cruel realidade que podemos nos atirar pelos abismos das incertezas e, então, vivenciar "o frio na barriga" das expectativas.

O medo, de maneira oposta, gera inibição, ou seja, o horror de encarar a angústia. Amar é aceitar os riscos e ser capaz de bancá-los. Sem isso, ficamos "em cima do muro", paralisados pela dúvida, vendo a vida passar diante dos nossos olhos, à espera de oportunidades. Essa atitude, a meu ver, seria a mais pura manifestação de Tânatos: *a inércia, o inorgânico, a morte em vida.*

Sem Eros, tudo fica monótono e sem sentido. E nunca é tarde para lembrar que o amor é muito mais amplo do que o campo das relações conjugais. Viver sem amor é a mais pura desolação. Por outro lado, mantê-lo não é garantia de paz.

> O amor comeu meu nome, minha identidade, meu retrato. O amor comeu minha certidão de idade, minha genealogia, meu endereço. O amor comeu meus cartões de visita. O amor veio e comeu todos os papéis onde eu escrevera meu nome.[18]

---

[18] Trechos do poema monumental "Os três mal-amados", de João Cabral de Melo Neto: Melo, J. C. de, Neto. (2003). Os três mal--amados. In: J. C. de Melo Neto. *Obra completa* (p. 59) (M. de Oliveira, Org.). Rio de Janeiro: Nova Aguilar (obra original publicada em 1943).

A ironia sincera de Lacan

Um dos grandes aforismos desse genial autor francês, que revolucionou as formas de fazer e de compreender a psicanálise, é, sem dúvida alguma, o famoso: *"amar é dar aquilo que não se tem a alguém que não o quer"*. Lacan vai proferir isso diversas vezes ao longo de sua obra, mais precisamente no Seminário VIII: "A transferência". Nas linhas que se seguem, tentarei apresentar ao leitor algumas de minhas deduções acerca dessa expressão lacaniana.

Pois bem, a gente sempre cria um *ideal de amor* que pode estar baseado nas nossas figuras parentais ou em quem se disponha a realizar esse papel a partir do momento em que chegamos ao mundo.

Passada essa ilusão de completude, sustentada pelo desejo parental, certamente herdaremos a utopia de que o outro possa nos completar – em todos os nossos espaços, maiores e menores, rasos e densos.

Carregamos a esperança de que alguém contenha aquela parte que nos falta; o sapatinho de cristal que se encaixará perfeitamente em nosso pezinho, de acordo com aquele conto de fadas sexista e machista da pobre Cinderela.

Assim, excitados por essa ilusão, *vamos com muita sede ao pote* – como diz o ditado popular –, esperando muito daquele que reparou na nossa existência, lançando-nos um singelo olhar, ou que simplesmente deu um like em nossa foto no Instagram (muito que bem!).

Com isso, sem que percebamos, autorizamos que o outro ocupe aquele posto de ideal, quase como se estivesse numa espécie de altar inalcançável.

De repente, conforme os dias de convivência vão passando, vamos nos dando conta de algo novo: *aquele outro não nos completa (pasmem!)*. Ele é diferente *(ah, que horror!)*.

É nesse exato instante que recorremos a duas alternativas: 1) desejamos controlar o outro; ou 2) almejamos nos juntar a ele, misturando-se numa única liga, entrando num estado de fusão, na esperança de tornar-se um só, afinal isso *apaga* as diferenças (pelo menos nas vozes da nossa cabeça). É aquela coisa: "carne e unha, alma gêmea, bate coração". Sabe?

Então, o Eu, a essa altura, já renunciou aos próprios gostos e às próprias vontades para atender ao ideal do outro. Vale salientar que há um *gozo* imputado nessa posição – *veja só o analista lacaniano surgindo das masmorras*.

Abdicamos de quem somos em prol de um Outro.

Bom, antes de seguir, gostaria de fazer um recorte do aforismo lacaniano, mais precisamente o *"dar aquilo que não se tem"*, e refletir com vocês.

Como mencionei, desde a primeira infância, temos os nossos ideais de amor: "quero um indivíduo que seja igual à minha mãe"; "desejo alguém que me trate como o meu pai"; "almejo conhecer uma pessoa que me mime como a minha avó"; "quero ter um amor romântico como o dos filmes a que assisti"; "gostaria de conhecer e me casar com alguém que tenha tal profissão" etc. E por aí vai, posto que *essa lista é longa!*

Ora, que queremos um ideal, isso é mais do que certo. A grande questão é que o Eu despeja toda essa necessidade em cima do outro. Efetivamente, o amor não vai acontecer dessa forma. E é óbvio que iremos nos frustrar. Ninguém nunca irá atender *completamente* aos nossos ideais. Por isso, *amar é dar aquilo que não se tem*.

O importante é que saibamos que em um relacionamento com seres humanos *sempre faltará algo*; tanto em nós mesmos quanto no outro. Então, *dar aquilo que não se tem* é justamente abrir mão desses ideais e aceitar a alteridade e a singularidade sinalizadas pela diferença. Permitir que o outro seja ele próprio. Pois, se oferecemos, mesmo que de bom grado, o que nós temos, já estamos (automaticamente) despejando um milhão de imaginários naquele que servirá de depósito.

Assim, o paradoxo do amor ostenta o seu lado fraco, um impasse e um problema, na medida em que "o sujeito não pode satisfazer a demanda do Outro senão rebaixando-o, fazendo desse Outro o objeto de seu desejo".[19]

Por essa razão, se alguém responde à demanda de amor dando alguma coisa sem metaforizar, *não está amando*. É uma cilada, um engano. "Há, no rico, uma grande dificuldade de amar".[20] Porque ele se apressa em responder à demanda, dando o que tem (materialmente falando). Para Lacan, dar o que se tem é a festa, e não o amor. O autor nos diz:

> O que há de certo é que a riqueza tem uma tendência a tornar impotente. [...] O rico é forçado a comprar, já que é rico. E para se recuperar, para

---

[19] Lacan, J. (2010). *O seminário*: a transferência (livro 8, p. 274). Rio de Janeiro: Zahar.

[20] *Ibidem*, p. 436.

> tentar reencontrar a potência, ele se esforça, comprando, em depreciar. [...] *Assim, às vezes ele espera provocar o que jamais pode adquirir diretamente, a saber, o desejo do Outro.*[21]

O rico, ao dar suas esmolas, quer se livrar do pedinte. Dar, para o rico, é o mesmo que recusar o amor. A má reputação dos ricos os dificulta de entrar no reino dos céus. Lá em cima, na morada sagrada, só entram os santos, os que, não tendo nada para dar, sendo pobres, podem amar verdadeiramente, e está aí a grande riqueza; a maior de todas.

Recordo-me de uma pessoa que achava que poderia comprar tudo e todos com o seu dinheiro, herdado diretamente da família. Tinha uma vida repleta de privilégios conquistada sem o menor esforço. Essa mesma pessoa se amontoou de filhos, dizendo amá-los incondicionalmente, quando, na realidade, não suportava a presença deles – algo muito nítido, por sinal.

Além disso, costumava gritar a qualquer estranho que conhecia um belo e (nada) espontâneo "eu te amo", e, depois de alguns breves encontros, bancava para o recém-conhecido, que já havia se tornado um *best friend*, uma rotina de luxo, regada a viagens e restaurantes caríssimos, até enjoar da amizade e da companhia do indivíduo "conquistado". *Nada era legítimo.* Um grande amor sem sentido e *sem sentir*. Um amor comprado e, por isso mesmo, sem valor afetivo.

---

[21] *Ibidem*, grifo nosso.

Pois bem, analisemos agora a segunda parte do aforismo: "*a alguém que não o quer*". O que o nosso *cristal francês da psicanálise* queria dizer com isso?

Alguém que não o quer: seria alguém que pudesse lidar com essa falta e, por conseguinte, nos inserisse nela – uma das maiores belezas do amor, diga-se de passagem. Expressões como: "não dá para atender a sua expectativa"; "eu não quero nem aceito essa posição de controle, de ideal que você está despejando sobre mim"; "a construção imaginária que você faz e que você acha que eu tenho obrigação de completar, eu não completo" são bons exemplos sobre o que estamos falando.

Amar é perceber que sempre vai faltar alguma coisa nas duas partes dessa composição (o amante e o amado). Por isso o amor é tão próximo ao luto e à nossa capacidade de lidar com as frustrações.

É justamente por *faltar* que somos considerados *sujeitos faltantes* e, partindo dessa condição, somos capazes de acender a faísca que incendeia a chama da vida.

É a falta que nos movimenta. *Não há falta sem desejo, nem desejo sem falta.*

A nossa maior dificuldade, porém, é identificar o que falta e, como consequência desse entendimento, aprender a lidar com ela para, então, ser capaz de amar. Trata-se de abrir espaços dentro de um interminável vazio. Isso é amor.

Acredito que essa tenha sido a maior sacada de Jacques Lacan.

Por fim, compartilho com vocês mais um dos poemas geniais de Rupi Kaur:

não quero ter você
para preencher minhas partes vazias
quero ser plena sozinha
quero ser tão completa
que poderia iluminar a cidade
e só aí
quero ter você
porque nós dois
botamos fogo em tudo[22]

---

[22] Kaur, R. (2017). *Outros jeitos de usar a boca* (p. 59). São Paulo: Planeta.

Parte bônus

Sobre as separações no campo dos afetos

É inevitável falar de amor e não mencionar a tormenta de afetos que envolve as separações. Embora não tenhamos um episódio do podcast sobre esse tema (pelo menos até a data de lançamento deste livro), vou compartilhar aqui algumas considerações psicanalíticas acerca desses momentos da vida que despertam tantos sofrimentos.

> eu não fui embora porque
> eu deixei de te amar
> eu fui embora porque quanto mais
> eu ficava menos
> eu me amava[1]

Não é de agora que sabemos que uma separação pode ser bastante traumática para qualquer pessoa. A dor é sentida de modo diferente para cada um, estando direta ou indiretamente relacionada a um conjunto de experiências, tanto internas – se tomarmos como referência uma ótica mais kleiniana, baseada na teoria das fantasias e dos objetos internalizados – quanto externas – se nos guiarmos pela teoria winnicottiana, que considera o ambiente o fator central para a compreensão do desenvolvimento maturacional humano.

São essas características, portanto, que diferenciam o modo com que a psicanálise compreende as separações – e aqui poderíamos falar de "psicanálises", já que, para sustentar a discussão deste texto, usarei

---

[1] Kaur, R. (2017). *Outros jeitos de usar a boca* (p. 95). São Paulo: Planeta.

referenciais que, muito embora sejam psicanalíticas, portam consigo teses próprias a respeito da constituição psíquica individual.

Entretanto, independentemente do viés teórico, é válido salientar que a psicanálise, de modo geral, coloca *o sujeito em primeiro lugar*, priorizando suas formas particulares de subjetivação.

As explicações para os processos de separação dentro do campo psicanalítico são inúmeras, e não caberia citá-las aqui – até porque esse não é o meu objetivo, pois vou me concentrar apenas nas ideias de Klein e Winnicott.

No entanto, por mais que nos sejam dolorosas, a psicanálise nos mostra que, desde o momento em que nascemos, somos inevitavelmente afetados pelas intercorrências das separações, a começar pela perda do conforto e da sensação de plenitude pelos quais estivemos envolvidos durante a gestação dentro do útero de nossas mães.

Em seguida, temos de aprender a largar o seio tão precioso e farto. Abandonamos o aconchego do lar em decorrência das obrigações escolares. Mais tarde, na adolescência, somos obrigados a abdicar das regalias da infância, tendo de encarar as responsabilidades do mundo adulto, até, por fim, adquirirmos a nossa suposta independência – que, para Winnicott, nunca é totalmente efetivada.

Nas palavras do autor: "A maturidade individual implica movimento em direção à independência, *mas não existe essa coisa chamada 'independência'*"[2] – essa hipótese pressupõe que sempre vamos precisar de alguma coisa ou de alguém, mesmo que internamente.

Contudo, apesar de acompanhar os processos de amadurecimento (psíquico e biológico) e, de certa forma, fazer parte do percurso "natural" da vida, a separação nunca perde seu tom dramático e pesaroso.

É frequente ouvirmos de nossos pacientes que, ao se separarem de alguém a quem amavam profundamente, parte deles foi embora com a pessoa amada – o que nos remete à ideia de uma identificação narcísica com o objeto perdido, proposta, originalmente, por Freud em "Luto e melancolia" (1917 [1915]).

Além disso, temos inúmeros casos de separações malsucedidas, nas quais o sujeito não se conforma com sua condição de desamparo e tenta se vingar de quem, supostamente, o "abandonou". Sem contar os inúmeros casos de depressão profunda ocasionados por uma separação conjugal.

Resumidamente, afastar-se de alguém a quem ainda amamos é uma tarefa intensamente dolorosa e difícil. Freud nos dirá que, em algumas pessoas, o luto é negado, causando uma espécie de "psicose de desejo alucinatória"[3]. *Grosso modo*, o indivíduo, para não so-

---

[2] Winnicott, D. W. (2021). O conceito de indivíduo saudável. In: D. W. Winnicott. *Tudo começa em casa* (pp. 21-22). São Paulo: Ubu Editora (obra original publicada em 1967).

[3] Freud, S. (2010). Luto e melancolia. In: S. Freud. *Obras completas*: introdução ao narcisismo, ensaios de metapsicologia e outros textos (Vol. 12) (P. C. de Souza, Trad.). São Paulo: Companhia das Letras (obra original publicada em 1917).

frer com o profundo incômodo do sentimento de perda, alucina que ainda tem o objeto perdido; um confronto entre realidade e fantasia extremamente difícil de ser sintetizado e resolvido.

Nessa perspectiva, não é difícil compreendermos o quanto alguns pacientes, mesmo após terem se separado de alguém a que amavam, nos relatar suas histórias com tamanha vivacidade a ponto de parecer que ainda convivem ao lado do objeto perdido.

Outros psicanalistas vieram depois de Freud, e, alguns mais, outros menos, também questionaram as complexidades que fundamentam os vínculos humanos. Aqui, é inevitável irmos ao encontro do pensamento de Winnicott, pois em um texto potente escrito em 1958, chamado "A capacidade de estar só", o autor nos dirá que:

> Embora muitos tipos de experiência levem à formação da capacidade de ficar só, há um que é básico e sem o qual a capacidade de ficar só não surge; essa experiência é de ficar só, como lactente ou criança pequena, na presença da mãe. Assim, a base da capacidade de ficar só é um paradoxo; é a capacidade de ficar só quando mais alguém está presente.[4]

Nesse ensaio, Winnicott reafirma a importância da relação inicial entre a mãe e o bebê, pois a capacidade

---

[4] Winnicott, D. W. (1983). A capacidade de estar só. In: D. W. Winnicott. *O ambiente e os processos de maturação*: estudos sobre a teoria do desenvolvimento emocional (p. 32). Porto Alegre: Artmed (obra original publicada em 1958).

de estar só apenas será adquirida se ocorrer, paradoxalmente, na presença da mãe. Trata-se de um fenômeno "altamente sofisticado",[5] pois está implícito um tipo muito especial de relação: a criança ser capaz de vir a sentir a mãe, mesmo ela estando ausente, mas para isso o amor primário e a *"devoção"* materna por seu bebê são essenciais para produzir esse mecanismo de segurança emocional.

Na linhagem winnicottiana, portanto, o indivíduo só consegue adquirir a *capacidade de estar só* estando, inicialmente, *na presença de alguém* que, ao longo do tempo, será internalizado, podendo, pois, se ausentar, de fato. Terá se tornado, então, um objeto interno e não mais presente fisicamente, mas será capaz de produzir um grande conforto e de nos tranquilizar – mesmo nos momentos aturdidos pela mais absoluta solidão.

Todavia, nem todo indivíduo teve acesso a esse privilégio resultante de uma relação saudável e equilibrada com o mundo externo e a figura cuidadora. Um ambiente instável e repleto de falhas produzirá, com maior probabilidade, marcas permanentes nas tramas que sustentam a teia de estabilidade emocional do indivíduo.

Sem esse processo de cuidado inicial, estaremos vulneráveis perante qualquer episódio de separação posterior, o que certamente reabrirá feridas que nunca sequer tiveram a chance de ser cicatrizadas.

Penso que as contribuições de Winnicott ao reinterpretar o conceito kleiniano de "posição depres-

---

[5] *Ibidem.*

siva"[6] são de grande contribuição para as nossas reflexões acerca da dimensão aterrorizante que contorna os processos de separação.

Trata-se de uma vulnerabilidade à qual nenhum de nós está imune, pois, como nos disse o próprio Freud, "o ser humano não gosta de abandonar uma posição libidinal".[7] Assim, renunciar ao objeto amado sempre implicará grandes dificuldades.

A teoria psicanalítica poderia dar algum sentido a essas experiências? Longe de encerrar tal questão, espero lançar alguma luz sobre ela levando-se em conta uma vinheta clínica, seguida de uma breve elucidação teórica.

A posição depressiva em Melanie Klein

> [...] a posição depressiva infantil ocupa um lugar central no desenvolvimento da criança. *O desenvolvimento normal da criança e sua capacidade de amar parecem depender em grande parte da maneira como o ego passa por essa posição crucial.*[8]

---

[6] Klein define esse conceito detalhadamente em dois textos: "Uma contribuição à psicogênese dos estados maníaco-depressivos", de 1935; e "O luto e suas relações com os estados maníaco-depressivos", de 1940.

[7] Freud, S. (2010). Luto e melancolia. In: S. Freud. *Obras completas*: introdução ao narcisismo, ensaios de metapsicologia e outros textos (Vol. 12) (P. C. de Souza, Trad.). São Paulo: Companhia das Letras (obra original publicada em 1917).

[8] Klein, M. (1996). Uma contribuição à psicogênese dos estados maníaco-depressivos. In: *Amor, culpa e reparação e outros trabalhos* (p. 329). Rio de Janeiro: Imago (obra original publicada em 1935).

Klein apresenta e desenvolve o conceito de "posição depressiva" em dois textos muito significativos: "Uma contribuição à psicogênese dos estados maníaco-depressivos", de 1935, e "O luto e suas relações com os estados maníaco-depressivos", de 1940.

Essas produções provavelmente representam o árduo processo de superação da perda de seu querido filho Hans, que morreu em um acidente nas montanhas suíças, na primavera de 1934.[9] É provável que o conceito de posição depressiva tenha se imposto à Melanie Klein no quadro de reflexão interior que precisou realizar para superar esse luto tão marcante em sua vida.

Essa tese essencial à obra kleiniana vai indicar que no primeiro ano de vida, entre 6 e 10 meses, ocorrerá uma mudança na relação do bebê com o seio/mãe: a relação de *objeto parcial* para *objeto total*, mas a pergunta que fica é: de que forma isso acontece?

Klein, diferentemente de Winnicott, defende a ideia de um instinto[10] de morte inato, ou seja, o bebê já nasce dominado por uma angústia de aniquilamento e uma forte ansiedade persecutória. Seu ego arcaico e primitivo é tomado por agressividade e

---

[9] Phyllis Grosskurth, em seu livro "O mundo e a obra de Melanie Klein" (Grosskurth, P. (1992). O mundo e a obra de Melanie Klein. Rio de Janeiro: Imago) – que consiste em uma biografia detalhada de Klein –, relata que a morte de Hans pode ter sido ocasionada por um suposto suicídio, devido aos conflitos gerados por sua homossexualidade mal compreendida, o que, obviamente, implicaria dor ainda maior para ser enfrentada por Melanie Klein.

[10] Usarei a palavra instinto para traduzir o termo em alemão Trieb, seguindo a tradição da Escola Inglesa.

sentimentos vorazes e destrutivos quando é frustrado – por exemplo, quando está com fome e o seio não lhe é oferecido.

Assim, a fim de dar conta de seus instintos destrutivos, ele projeta esses sentimentos no objeto externo. No entanto, ao mesmo tempo que se livra deles, seu ego fica empobrecido e sofre com o fenômeno da paranoia, pois o objeto que agora ficou mau retorna para o bebê como um *objeto perseguidor* (na fantasia, obviamente).

Apesar disso, não podemos nos esquecer de que esse seio também traz satisfações ao bebê e, por isso, existem sentimentos bons, de agradecimento e amor, que também são creditados ao objeto externo.

Para conseguir conciliar toda essa invasão de ansiedades, o ego arcaico da criança cinde (divide) esse objeto em bom e mau, ao mesmo tempo que também é clivado pelo excesso de projeções de suas partes más e destrutivas. Esse movimento consiste na relação que Klein nomeou de relação de *objeto parcial*.

Já a relação de *objeto total* ocorre quando se inicia o desmame e o bebê se percebe como um corpo separado da mãe. Um corpo próprio e apartado da díade simbiótica que se estrutura no início da vida. Ele se dá conta de que aquele objeto que estava cindido em bom e mau nada mais é do que a própria mãe, ou seja, um único objeto que abarca em si aspectos positivos e negativos.

Surge então uma série de sentimentos ambivalentes: o bebê tem medo de ter machucado e perdido o objeto amado por conta das excessivas projeções destrutivas. A essas angústias depressivas, somam-se as persecutórias da etapa anterior (posição esquizoparanoide). O bebê sente culpa por sua forte agressividade contra o objeto bom, e vive um intenso desejo de repará-lo e restituí-lo por amor. Petot, nesse sentido, vai dizer:

> Quando a unidade do objeto se produz, a criança compreende também que "os objetos reais e as pessoas imaginárias estão ligadas". Pode-se também dizer que existe então certa síntese de objetos internos ou introjetados (ou seja, deformados pela imaginação) com os objetos externos percebidos exatamente. *Mas no momento da descoberta da posição depressiva, o conceito kleiniano de objeto interno assume um significado suplementar.*[11]

Esse significado suplementar a que Petot se refere está relacionado ao surgimento da ansiedade depressiva, que difere da esquizoparanoide. A ansiedade depressiva é definida frequentemente como ansiedade de separação, como medo da perda ao qual se unem sentimentos de culpa à ilusão da destruição do objeto, por meio de ataques sádicos imaginários, porém sentidos como verdadeiramente realizados pelo bebê.

Esse fenômeno ocorre por volta dos 6 meses, quando a criança começa a ficar muito angustiada nos

---

[11] Petot, J.-M. (2016). *Melanie Klein II*: o ego e o bom objeto (1932--1960) (p. 6 [grifo nosso]). São Paulo: Perspectiva.

momentos em que a mãe se ausenta e, também, passa a chorar na presença de estranhos, reconhecendo a ausência da mãe real (e boa).

"A entrada nessa posição é essencial para que a criança integre os seus sentimentos de amor e ódio e, posteriormente, desenvolva a sua capacidade simbólica, que resultará na apropriação da linguagem."[12]

Sintetizando as ideias apresentadas até agora, podemos entender a maneira que Klein descreve o desenvolvimento da posição depressiva no psiquismo da seguinte forma: a mãe boa e a mãe má são vistas como a mesma pessoa; o bebê começa a sentir que a mãe boa, a quem ele ama, foi *aniquilada* pelos ataques sádicos que ele fez e continua a fazer contra a mãe má, pois a mãe, agora, é percebida como uma só.

Essa percepção, muito dura e dolorosa, faz surgir o que Klein denominou "ansiedade depressiva". O indivíduo, com medo de perder o objeto, tem uma enorme vontade de reparar o dano. Portanto, se a mãe parecer de fato estragada, a culpa e o desespero da criança aumentam. Se, ao contrário, ela estiver aparentemente bem ou, pelo menos, capaz de ter empatia com as dores e angústias da criança, diminui o medo sentido pela culpa de destruição e aumenta a confiança e os desejos de reparação.[13]

---

[12] Almeida, A. P. (2018). *Psicanálise e educação escolar*: contribuições de Melanie Klein (p. 6). São Paulo: Zagodoni.

[13] Bion aprimora essas ideias de Klein e desenvolve a função de continência da mãe perante as identificações projetivas massivas realizadas pelo bebê nos seus estados de extrema ansiedade.

Se a dor de lidar com essa integração do objeto e os sentimentos de culpa que emergem for muita intensa, o indivíduo poderá fazer uso de mecanismos de defesa, como a reparação maníaca e obsessiva, a negação, o triunfo e o desprezo. Se essas defesas falharem, o sujeito poderá voltar aos estágios mais primitivos que constituem a posição esquizoparanoide.

Nesse âmbito, regredir, para Melanie Klein, seria o sinônimo de *adoecer* – o que diverge totalmente do pensamento de Winnicott, que trabalha com o conceito de regressão no manejo clínico.[14]

O resultado almejado da posição depressiva é que o bebê seja capaz de *internalizar*, de maneira segura, o objeto bom, que, na visão de Melanie Klein, será o núcleo de um ego saudável, a base da autoconfiança, empatia e cuidado com o próximo. A capacidade de amar do indivíduo dependerá dessa internalização, tal como a capacidade do sujeito para lidar com as perdas e as situações de abandono.

Quem possui tal objeto "guardado" em seu interior subjetivo terá, na concepção kleiniana, mais condições para enfrentar aqueles momentos da vida em que somos desolados por termos que nos separar de quem (ou do que) amamos.

---

[14] Para mais informações a respeito desse assunto, recomenda-se a leitura de Naffah, A., Neto. (2008). O caso Margaret Little: Winnicott e as bordas da psicanálise. *Jornal de Psicanálise*, 41(75), 107-121.

A posição depressiva em Winnicott

O conceito teórico de Melanie Klein mais utilizado por Winnicott foi, sem dúvida, o de posição depressiva.[15] Como vimos anteriormente, para a nossa autora, essa posição se inicia quando o ego se torna mais integrado, os processos de projeção diminuem e o bebê começa a perceber sua dependência de um objeto externo e a ambivalência de seus instintos, passando, então, a vivenciar a sua realidade psíquica, distinguindo o outro de si mesmo.

Winnicott dedicou um de seus escritos ao estudo minucioso do conceito kleiniano de posição depressiva. No ensaio "A posição depressiva no desenvolvimento emocional normal", de 1954, o autor britânico

---

[15] Vale lembrar que o nome atribuído por Melanie Klein nada tem a ver com a patologia "depressão". O próprio Winnicott não era simpatizante dessa nomenclatura. Ele preferia chamar esse período de "estágio da concernência" (*stage of concern*). Fica claro, também, que ele transforma o que era uma "posição" num "estágio", já que a sua teoria do amadurecimento é pontuada por estágios a serem percorridos e superados. Também altera a cronologia da posição depressiva kleiniana, pois postula o estágio da concernência como se iniciando em torno dos 8 meses e se prolongando até cerca de 2 anos e meio. Durante esse tempo, a repetição do ciclo destruição, culpa e reparação – se devidamente sustentado pela mãe – propicia à criança uma culpa menor ligada aos seus impulsos agressivos/destrutivos, já que o que "destrói" consegue reparar. Isso, segundo Winnicott, é de crucial importância para que a criança possa se apropriar de seus impulsos agressivos/destrutivos, colocando-os a serviço do *self* e podendo, então, fundi-los aos impulsos eróticos, capacitando-a para sustentar a ambivalência afetiva, característica do complexo de Édipo (que, segundo ele, inicia-se em torno dos 3 anos).

nos dirá que é durante essa etapa do amadurecimento psíquico que

> [...] temos o início do sentimento de culpa. Esta é a única culpa verdadeira, pois a culpa enxertada é falsa para o *self*. A culpa tem início com a junção das duas mães, do amor tranquilo e excitado, e do amor e do ódio, tornando-se gradualmente uma fonte saudável e normal de atividade nos relacionamentos.[16]

Uma vez que a posição depressiva (*stage of concern*, na linguagem winnicottiana) é gradualmente elaborada, altera-se toda a relação com os objetos, e o bebê adquire a capacidade de amar e de respeitar as pessoas como indivíduos separados, diferenciados de si.

Além disso, ele se torna capaz de reconhecer seus impulsos, de sentir responsabilidade por eles e de tolerar a culpa (por ter "agredido" [na fantasia], após o reconhecimento do objeto, quando o bebê já está integrado e, portanto, possui um 'dentro e um fora'). Essa nova capacidade de estar concernido com os seus objetos o ajuda a aprender gradualmente a controlar os seus instintos.

Para Winnicott, é provável que a criança (ou o adulto) que atingiu a capacidade de estabelecer relações interpessoais tenha conseguido ultrapassar a posição depressiva. Atrelando esse conceito kleiniano à

---

[16] Winnicott, D. W. (1988). A posição depressiva no desenvolvimento emocional normal. In: D. W. Winnicott. *Textos selecionados*: da pediatria à psicanálise (pp. 447-448). Rio de Janeiro: F. Alves (obra original publicada em 1954-1955).

importância do ambiente – que é determinante em sua obra –, o autor inglês escreve que:

> Em termos de meio ambiente: a criança que aprende a andar encontra-se em uma situação de família, elaborando uma vida instintual através de relacionamentos interpessoais, e o bebê é sustentado por uma mãe que se adapta às necessidades do ego. Entre os dois, está o bebê ou a criancinha que chega à posição depressiva, sustentada pela mãe, mas mais do que isso, sustentada através de uma fase de sua vida.[17]

Partindo dessa citação, podemos pensar nas questões de separação vinculadas à concepção de amor para o nosso autor em questão. É a partir do reconhecimento da alteridade, da descoberta de si simultânea à descoberta do outro (do que é externo ao Eu), que as relações amorosas vão se desenvolver e se sustentar ao decorrer de nossa vida.

Sem essa "separação" discriminativa e constitutiva, será muito difícil estabelecer uma relação de amor verdadeiro, pois, quando não há diferenciação, o eu e o outro permanecerão fusionados, produzindo um relacionamento conturbado, confuso, no qual não podem existir sentimentos de *um* em relação ao *outro*.

---

[17] *Ibidem*, p. 438. Foi corrigida, por mim, a tradução brasileira do termo *instinctual life* por "vida pulsional", optando-se pela tradução: "vida instintual", já que Winnicott não trabalhava com nenhuma das teorias pulsionais de Freud, mas falava, simplesmente, em instintos, no plural, e sem nenhuma qualificação ("sexuais", "do ego", "de vida" ou "de morte").

Vinheta clínica

Júlia,[18] 26 anos, chega ao meu consultório queixando-se da intensa depressão que sentia após o término de seu relacionamento havia três meses. Declarou, de imediato, que tinha intensas crises de choro e desespero, às vezes impulsos de raiva com nuances de indignação e revolta. Entretanto, a decisão do término foi tomada unicamente por ela, no auge do limite em que os dois, ela e o namorado, não mais se "suportavam", apesar de terem convivido por um período de quase quatro anos, no mesmo apartamento, que pertencia a ela.

Aqui, sou acometido pela lembrança de uma sublime música de Adele, lançada em seu álbum mais recente, chamado *30*. Cito o trecho, em tradução livre, da canção "I Drink Wine":

> Como alguém pode se tornar tão limitado
> Pelas escolhas que outra pessoa faz?
> Como nós dois nos tornamos uma versão
> De uma pessoa de quem nem gostamos?
>
> Estamos apaixonados pelo mundo
> Mas o mundo só quer nos derrubar

---

[18] Nome fictício e dados alterados para preservar a identidade real da paciente, muito embora eu já tenha finalizado esse atendimento há mais de cinco anos.

Colocando ideias em nossas cabeças
Que corrompem os nossos corações de alguma forma[19]

"Como nós dois nos tornamos uma versão de uma pessoa de quem nem gostamos?", indaga a cantora.

Pois bem, voltemos ao caso clínico. A dinâmica do casal era bastante fusionada, a meu ver. Tudo era realizado em conjunto: academia, compras no supermercado, trabalhavam no mesmo horário e se encontravam ao fim do dia para voltarem para casa.

Durante o período em que se relacionaram, ambos se afastaram totalmente dos amigos, *"vivendo um em função do outro"* – como ela fazia questão de mencionar. Até mesmo da própria família os dois ficaram distantes, pois passavam a maior parte do tempo *"grudados"*, inclusive aos fins de semana e durante o período de férias – momento em que realizavam viagens para os mais diferentes lugares.

Em determinado momento da relação, porém, Júlia começou a se sentir pressionada, "sem ar". Estava triste pela ausência da família e dos amigos, enquanto seu companheiro continuava a impedindo de visitá-los – o que sempre gerava discussões violentas e um *forte sentimento de culpa*; tanto por ter de deixá-lo, quando conseguia se desvencilhar, quanto por não estar mais presente na vida de seus pais e de outros entes queridos.

Além disso, os dois tinham uma *desconfiança* enorme um do outro. Logo, todas as senhas das redes sociais

---

[19] Adkins, A., & Kurstin, G. (2021). I Drink Wine. In: Adele. *30* (faixa 7 [grifo nosso]). Nova York: Columbia Records.

e de suas contas de e-mails eram compartilhadas entre eles, sem contar o livre acesso ao telefone celular de cada um; nada poderia ser "escondido".

Esse sentimento de posse e controle era alimentado por ambos os lados. Na mesma proporção em que o namorado tinha uma sensação de domínio sobre Júlia, ela também nutria o mesmo afeto por ele; estavam completamente misturados, porém sem se dar conta disso.

Júlia cedia aos gostos e às vontades de seu companheiro, e ele fazia o mesmo – em menor intensidade, segundo as versões dela, que o considerava bastante egoísta e mimado.

O pivô do término do relacionamento foi uma discussão causada por conta de uma conversa de Júlia com um de seus melhores amigos de infância – que ela não via há anos.

O diálogo, por WhatsApp, não tinha nenhuma conotação erótica ou implicação de interesse por parte dela, mas o fato de não ter contado previamente ao namorado e ele ter descoberto a troca de mensagens ao mexer em seu celular, enquanto ela estava no banho, foi o cúmulo da falta de respeito para ele. Os dois discutiram feio, com direito a agressões verbais seríssimas, finalizando a cena com um empurrão por parte dele.

Naquele instante em que fora vítima dessa violência física, Júlia me contou que teve uma percepção diferente da vida que estava levando. Apesar de amar seu companheiro loucamente, deu-se conta, ao ser empurrada por ele, do quanto aquela relação se mantinha doentia e sufocante.

Júlia chorou, ergueu-se do chão e, imediatamente, expulsou o namorado de casa. Após a sua partida, ela ligou para os pais, que foram ao seu encontro imediatamente. Contou-me que ficou horas chorando em posição fetal no colo da mãe.

Houve várias tentativas de proximidade e desculpas por parte do ex-namorado. No entanto, Júlia foi extremamente corajosa e confiante ao não possibilitar tal chance de reaproximação – de acordo com a sua fala. Na época em que me procurou, ela levava a vida com dificuldades e recorria ao consumo excessivo de álcool para se *anestesiar da dor dessa separação*. Sentia-se, às vezes, muito sozinha e passou a ficar mais próxima de seus pais, familiares e amigos.

Retomemos, pois, as discussões teóricas. Voltarei à história de Júlia ao fim do meu texto.

Amor e posição depressiva

A maior dificuldade de amar alguém reside, talvez, em instituir os princípios que estabelecem as margens da alteridade, ou seja, a diferenciação eu/outro – como vimos no estudo do aforismo lacaniano. Nas situações em que duas pessoas estão fusionadas uma à outra, é claro que a separação tenderá a ser um processo muito mais doloroso.

Quando ouvimos de um paciente que parte dele se foi com a pessoa que o deixou, precisamos investigar o que, precisamente, o outro representava para ele (e por ele). Um *self* saudável (e autêntico) terá mais instrumentos para lidar com o sentimento de abandono inerente a qualquer separação.

É muito provável que um sujeito que não tenha conseguido atravessar a posição depressiva terá mais dificuldades com o término de relacionamentos. Haverá grande necessidade de controle, de negação da tristeza e de implicação de responsabilidade. Nesse sentido, cito Winnicott:

> Parece que, depois de algum tempo, o indivíduo consegue construir recordações de situações sentidas como boas, de forma que a experiência da mãe sustentando a situação se torna parte do *self*, é assimilada ao ego. Deste modo, a mãe real gradualmente se torna cada vez menos necessária. O indivíduo adquire um meio ambiente interno. A criança, então, torna-se capaz de encontrar novas experiências em que a situação é sustentada, e é capaz de assumir a tempo a função de ser a pessoa que sustenta a situação para alguém, sem ressentimento.[20]

A sensibilidade do autor britânico representada na escrita desse trecho é inspiradora. Ele nos diz, em poucas linhas, exatamente o que deve ocorrer numa relação "saudável" entre as pessoas, ou seja, *quando existe confiança no outro*, o próprio sujeito consegue assumir a

---

[20] Winnicott, D. W. (1988). A posição depressiva no desenvolvimento emocional normal. In: D. W. Winnicott. *Textos selecionados*: da pediatria à psicanálise (p. 449). Rio de Janeiro: F. Alves (obra original publicada em 1954-1955).

função de sustentar a situação – seja para ele próprio, seja para alguém.

Tomemos como exemplo o caso de Júlia: um ambiente desestabilizado pelo ciúme e pela desconfiança gera ainda mais temor durante o processo de separação, pois o investimento realizado para controlar as fantasias persecutórias é muito grande, deixando o ego enfraquecido e fragmentado.

Essa dinâmica perturbadora sugere, pois, que não houve na infância a constituição de um "ambiente interno" capaz de confortar e tranquilizar (mesmo diante de situações de extrema angústia, por exemplo, os afastamentos).

Diga-se de passagem, quando pequena, Júlia teve que passar a maior parte do tempo na casa da vizinha, já que sua mãe retornara à rotina de trabalho logo após o término da licença-maternidade, não havendo ninguém em casa que pudesse cuidar da menina.

É muito comum também observarmos, em diversos processos de separação, as pessoas recorrerem incessantemente aos amigos e colegas mais próximos. Em estados de desespero, saem para se divertir compulsivamente, preenchendo-se de estímulos e demonstrando (aparentemente) que estão bem, sobretudo atualmente, em que somos assolados pelas imposições de felicidade extrema por meio das publicações de "gratidão e positividade" que imperam nas redes sociais.

Temos, igualmente, uma grande ilusão que desemboca no mais intenso vazio, pois postar uma foto feliz não significa que realmente você esteja nesse estado. Esses mecanismos de defesa tendem a nos afastar da experiência real da dor provocada pela ausência do outro.

A tristeza precisa ser vivenciada, visto que algumas lágrimas são inevitáveis e fazem parte de nossa construção interna e subjetiva, promovendo o nosso amadurecimento.

Enquanto relatava a história com o ex-namorado, Júlia chorava algumas vezes por conta de uma solidão inominável, outras por raiva e indignação. Em todos esses momentos, mantive-me próximo a ela, oferecendo, inclusive, a possibilidade de sessões extras e o acesso por WhatsApp.

Esse manejo, de alguma forma, foi trazendo mais segurança para o *self* fragilizado de Júlia, que aos poucos deixou de ter *ressentimento* e passou a enxergar o processo de separação como uma grande passagem de maturidade e conhecimento.

Sobre o fato de Júlia recorrer ao álcool e a outros recursos para se anestesiar da tristeza, Winnicott também tem algo a nos dizer. O autor afirma que esses movimentos consistem em defesas maníacas em que "tudo que é sério é negado. A morte torna-se uma vivacidade exagerada, o silêncio se torna barulho, não há sofrimento ou preocupação, nem trabalho construtivo ou prazer repousante".[21]

O verdadeiro enriquecimento do Eu pode ser uma consequência resultante da *capacidade de estar*

---

[21] *Ibidem*, p. 450.

só e silenciar, conciliando-se com o ambiente interno formado com o atravessamento da posição depressiva, ou do *estágio da concernência*, em termos winnicottianos. Estamos nos referindo à aptidão do sujeito de assumir as suas responsabilidades (sobre si e sobre o outro).

Se tivermos atravessado esse processo, ao nos recolhermos em nosso interior, poderemos resgatar experiências satisfatórias envolvendo os objetos amados, "destruídos" e reparados e, assim, sentir menos culpa pelo ódio que experimentamos pela perda do objeto em foco, podendo elaborá-la – a própria perda do objeto – com menos dificuldades.

Cabe ressaltar que a introjeção do bom objeto primário (a mãe suficientemente boa, que sustentou pacientemente o ciclo de *destruição, culpa e reparação* vivenciado no estágio da concernência), funciona como uma âncora interna, capacitando-nos a enfrentar a solidão, sem nos sentirmos despossuídos de nós mesmos – muitas vezes, esse papel pode ser revivido no *setting* analítico, exercido pelo manejo do terapeuta. Aqui, cito Winnicott mais uma vez:

> No sujeito cuja posição depressiva está seguramente estabelecida, surge [...] recordações de experiências boas e de objetos amados, que capacitam o sujeito a, eventualmente, continuar, mesmo sem apoio ambiental. O amor pela representação interna de um objeto externo perdido pode diminuir o ódio do objeto amado introjetado que a perda acarreta. O luto é

experimentado e perlaborado destas e de outras maneiras e a dor pode ser sentida como tal.[22]

Palavras finais

Em um dos pontos de seu texto a respeito da posição depressiva, Winnicott vai fazer alusão às reações dos sujeitos à perda e dizer que:

> O trabalho de Melanie Klein enriqueceu a compreensão fornecida por Freud da reação à perda. Se a posição depressiva foi atingida e completamente estabelecida em um indivíduo, a reação à perda será a *dor*, ou a *tristeza*. Quando há algum grau de fracasso na posição depressiva, o resultado da perda é a depressão.[23]

Posto isso, a tristeza e a dor são reações normais diante de uma perda importante em nossas vidas. O que não é normal é negar esse sentimento e ser assolado por intensas depressões ou reações maníacas (negadoras da depressão), em função da não constituição de um mundo interno de bons objetos. Isso, certamente, será um motivo de adoecimento – como ocorre com a depressão, como bem mencionou Winnicott: "Se os fenômenos internos causam problemas, a criança (ou o adulto) amortece todo o

---

[22] *Ibidem*, p. 455.

[23] *Ibidem*, p. 454.

mundo interno, funcionando a um nível baixo de vitalidade. *O humor é a depressão*".[24]

Ou seja, se o mundo interno é repentinamente povoado por maus objetos (impulsos agressivos-destrutivos e sentimentos de ódio dirigidos ao objeto perdido) e não existem bons objetos capazes de suplantá-los (lembranças de vivências satisfatórias com objetos com a qualidade sustentadora e reasseguradora), esse mundo interno torna-se persecutório, e uma das defesas encontradas é amortecê-lo. Então, impulsos instintuais e sentimentos a eles associados são reprimidos, baixando o nível de vitalidade e gerando o humor depressivo. As tentativas de ultrapassar a depressão podem, também, levar a defesas maníacas, paranoides, obsessivas ou a distúrbios psicossomáticos.[25]

---

[24] *Ibidem*, p. 449, grifo nosso. Ver Almeida, A. P., & Naffah, A., Neto. (2022). *Perto das trevas*: a depressão em seis perspectivas psicanalíticas. São Paulo: Blucher.

[25] Neste texto, já se falou sobre as defesas maníacas. As defesas paranoides advêm da projeção dos objetos internos ameaçadores no mundo externo, resultando em sentimentos persecutórios. As defesas obsessivas funcionam, segundo Winnicott, pela produção inconsciente de uma desordem no mundo interno (capaz de disfarçar o perigo reinante), gerando uma compulsão consciente (e dissociada) em produzir ordem no exterior, quando a desordem é interior e necessita ser mantida. Ver, nesse sentido: Naffah, A., Neto. (2017). Contribuições winnicottianas à caracterização e clínica da neurose obsessiva. In: A. Naffah Neto. *Veredas psicanalíticas*: à sombra de Winnicott (pp. 193-214). Saarbrücken: Novas Edições Acadêmicas. Já os distúrbios psicossomáticos são produzidos por uma somatização defensiva, quando o corpo dramatiza a ameaça interna, que não consegue ser superada e é fantasiada como uma doença ou um distúrbio fisiológico. Essas são definições sintéticas dos tipos de defesa, já que, neste livro, não é nosso objetivo nos aprofundarmos nessa temática.

Entretanto, no sujeito cuja posição depressiva está seguramente estabelecida, vão surgir recordações e experiências boas de objetos amados que o capacitarão a continuar a viver, mesmo sem o apoio externo atribuído ao outro. Assim, quando o sofrimento é vivido ao máximo e o desespero atinge seu auge, o indivíduo de luto vê brotar novamente seu amor pelo objeto. "Ele sente com mais força que a vida continuará por dentro e por fora, *e que o objeto amado perdido pode ser preservado em seu interior*".[26]

Por outro lado, enquanto houver rancor, ódio e mágoa pela outra pessoa dominando a cena psíquica, a separação se tornará difícil (e demorada). Esses sentimentos nos cegam e nos impedem de sentir gratidão, pois despendemos grande parte de nossa energia psíquica nesses movimentos de hostilidade e ressentimento.

Uma relação, quando termina, por pior que tenha sido, sempre comporta aspectos positivos ao lado dos negativos; mas, para que percebamos e lidemos com essa *ambivalência*, é fundamental termos atravessado a posição depressiva, caso contrário tenderemos a ser tomados exclusivamente pelas lembranças negativas e mobilizarmos somente o ódio e a agressividade.

Ao fim de seu processo analítico, que durou mais ou menos dois anos, Júlia já se colocava como uma

---

[26] Klein, M. (1996). O luto e suas relações com os estados maníaco-depressivos. In: M. Klein. *Amor, culpa e reparação e outros trabalhos* (p. 403). Rio de Janeiro: Imago (obra original publicada em 1940).

pessoa inteira – separada da condição de fusão com o outro –, admitindo parte de suas responsabilidades perante os desentendimentos que teve ao longo do relacionamento com o ex-namorado, desenvolvendo um olhar crítico e genuinamente equilibrado.

Em simultâneo, também relembrava os momentos felizes que passaram juntos, porém sem aquela benevolência excessiva que beirava a idealização. Júlia não se esquecia de mencionar, em algumas sessões, os aspectos tóxicos de sua antiga relação, só que agora as imagens tingidas de mágoas perdiam a intensidade. Júlia estava livre, ao mesmo tempo que também libertava a figura assombrosa que conservava do ex-namorado – uma espécie de fantasma que a consumia de dentro para fora, colocando-a num estado de extrema solidão.

Ser capaz de olhar para trás e observar com discernimento tudo o que aconteceu no decorrer de uma relação pode ser um movimento sutil, mas surpreendentemente necessário para destrancar as portas emperradas pelo ressentimento, reacendendo a nossa luz interior, luz essa que nos guiará pela estrada sinuosa da vida, garantindo o conforto de estar acompanhado – mesmo na ausência de alguém.

Uma vantagem provinda do amadurecimento e do trabalho psicanalítico, que poderá oferecer a quem não teve a sorte de erguer, em seu interior, o brilho necessário para se defender da escuridão do abandono, fortemente imposta durante um processo de separação, e ilustrada lindamente por esta poesia:

você já não faz parte da
paisagem: te desconhecer
foi percorrer dez vezes o mesmo
trajeto e ter dificuldade em
aceitar o final da corrida
o final de nós dois.[27]

---

[27] Pires, I. (2021). *Todas as coisas que eu te escreveria se pudesse*. Rio de Janeiro: Globo Alt.

Leia também

Irvin D. Yalom & Marilyn Yalom
Uma questão de vida e morte
Amor, perda e o que realmente importa no final
PAIDÓS

Frederico Mattos
Maturidade emocional
Por que algumas pessoas agem como adultas e outras não
PAIDÓS

Christian Dunker & Cláudio Thebas
O palhaço e o psicanalista
Como escutar os outros pode transformar vidas
PAIDÓS

Silvia Ons
Tudo o que você precisa saber sobre psicanálise
NOVA EDIÇÃO
PAIDÓS

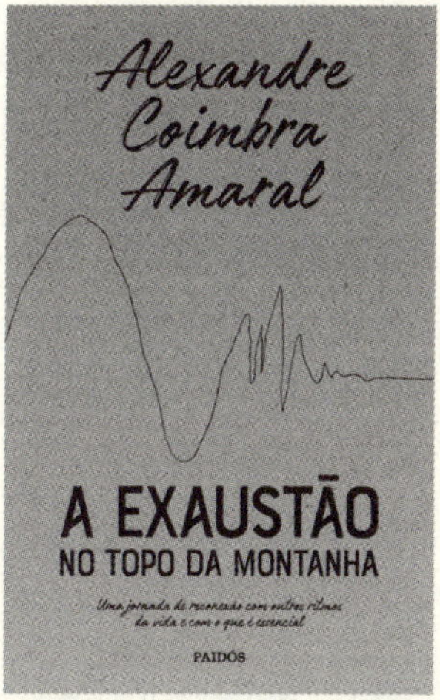
Alexandre
Coimbra
Amaral
A EXAUSTÃO
NO TOPO DA MONTANHA
Uma jornada de reconexão com outros ritmos
da vida e com o que é essencial
PAIDÓS

ANA SUY
A gente
mira no
amor e
acerta na
solidão
PAIDÓS

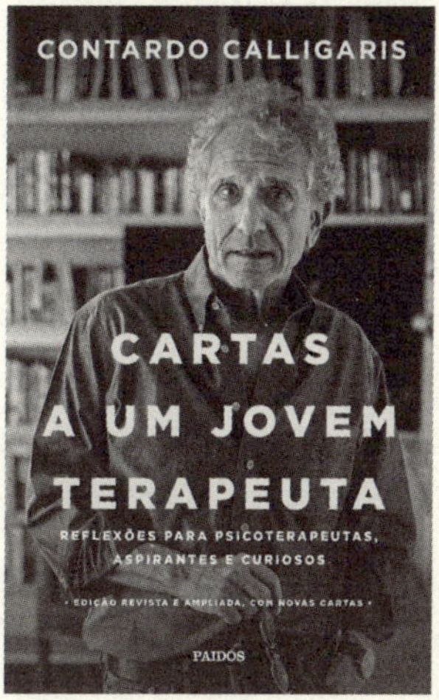
CONTARDO CALLIGARIS
CARTAS
A UM JOVEM
TERAPEUTA
REFLEXÕES PARA PSICOTERAPEUTAS,
ASPIRANTES E CURIOSOS
• EDIÇÃO REVISTA E AMPLIADA, COM NOVAS CARTAS •
PAIDÓS

CLÁUDIO THEBAS E
ALEXANDRE COIMBRA AMARAL
De
mãos
dadas
Um palhaço e um psicólogo
conversam sobre a coragem
de viver o luto e as belezas
que nascem da despedida
PAIDÓS

**Acreditamos
nos livros**

Este livro foi composto em Mrs Eaves e impresso pela Gráfica Santa Marta para a Editora Planeta do Brasil em abril de 2025.